Herwig Oberlerchner

Das Schweigen wird laut

Herwig Oberlerchner

Das Schweigen wird laut

Erinnerungen

Überarbeitete und ergänzte Neuausgabe
(Originalausgabe 2022 im Memoiren-Verlag Bauschke)

Titelfoto: Herwig Oberlerchner
Foto Seite 5: Archiv Herwig Oberlerchner

Lektorat: Anna Haase, Berlin
Layout & Satz: Verlag Johannes Heyn
Druck und Bindung: Florjančič tisk, Maribor

www.verlagheyn.at

ISBN 978-3-7084-0696-1

Printed in Slovenia

Mit freundlicher Unterstützung durch

Für meinen Urgroßvater

There is a crack, a crack in everything,
That's how the light gets in …
Leonard Cohen

Vorwort

In jeder Familie gibt es Geheimnisse, Unbesprochenes, Verschwiegenes. Die Mauern des Schweigens, errichtet aus Schuld, Scham und Überforderung, spürt man als Kind, als Jugendlicher, als Erwachsener. Diese Familientabus sind atmosphärisch besondere Bereiche mit einzigartiger Kommunikation und Interaktion, Krypten, Grüfte. Wenn man sich ihnen nähert, entstehen emotionale, vegetative und auch kognitive Ausnahmezustände, die man zu vermeiden trachtet. Dieses Aussparen heikler Themen, dieses Hoffen auf Vergessen wird über die Generationen weitergegeben, bis das Schweigen gebrochen wird und Licht sich seinen Weg in dunkle Familien- und Seelenregionen bahnt. Das Schweigen bricht, wenn man es zur Sprache bringt.

In unserem Unbewussten existiert die Dimension Zeit sowie die gewohnte zeitliche Abfolge nicht. Und so ist der vorliegende Text im Präsens verfasst und entspricht den Assoziationen, Erinnerungen, Fantasien und Erzählungen zu familienspezifischen Themen aus der unmittelbaren Perspektive des bildhaften Wieder-Erlebens. Darüber hinaus enthält das Buch Abschriften von unkorrigierten Briefen und anderen Dokumenten aus dem Familienarchiv. Der Text vermittelt einen tiefen Einblick in meine Sozialisation und die Geschichte meiner Familie und markiert so auch Epochen und Themen des vorigen Jahrhunderts von der Tuberkulose über die Euthanasie und die Identifikation mit den Vätern der Kriegsgenerationen bis hin zu Emigration (Kanada) und Suizid, Ersatzkaffee und Sammelleidenschaft, Archetypen, Frischzellenkur, Depression und Hoffnung.

Ich danke den Archivaren unserer Familie, Wilhelm für die Liesinger-Seite, Fritz für die Oberlerchner-Seite, meinen Verwandten für die intensiven Gespräche, meinen vielen Testleserinnen und Testlesern für die Rückmeldungen und Anregungen, ganz besonders danke ich meiner Schwester Anita für die unermüdliche und akribische Recherche, das Übersetzen schwierigster Texte in altem Kurrent und ihre Art der Familienforschung, die sich mit meiner so gut ergänzte, dass dieses Buch entstehen konnte.

Herwig Oberlerchner im April 2022

Vorwort zur Neuausgabe

Als das Buch „Das Schweigen wird laut“ im Frühling 2022 schon recht konkrete Gestalt anzunehmen begann, begab ich mich auf Verlagssuche. Im Wissen, dass mir eine regionale und sehr engagierte Betreuung wichtig ist, schrieb ich die Verlegerin Christina Bauschke vom Memoiren-Verlag Bauschke an, erhielt prompt eine Zusage und bald saßen wir uns im Figurenmuseum in der Kaufmanngasse in Klagenfurt gegenüber und unterzeichneten den Vertrag.

Kurz darauf wurde die erste Buchpräsentation im Europahaus Klagenfurt geplant. Ich kannte die Cellistin Miramis Semmler-Mattitsch vom Symposion „Kunst und Körper“, das wir 2013 an der psychiatrischen Abteilung ausrichteten und wo sie die Abendveranstaltung rund um die figürlichen Ausstellungsstücke der Künstlerin Anna Skrabal musikalisch begleitete. Wir stellten gemeinsam nach meinen inhaltlichen und ihren musikalisch-künstlerischen Vorstellungen ein Repertoire zusammen, das beim Auditorium seit fast zwei Jahren gut ankommt. Weitere Lesungen wurden und werden gebucht, das Buch verkauft sich, trotz der Strategie des Verlages keinen Kooperationspartner für den Versand zu haben, gut. Doch nun, kurz vor der zehnten Lesung, zieht sich Christina Bauschke zu meinem großen Bedauern zurück, hat aber noch mitgeholfen für das Buch einen neuen Hafen zu finden. Ich bedanke mich nun sehr herzlich beim Verleger Achim Zechner für die Übernahme des Buches in den Verlag Johannes Heyn und bei der Lektorin Anna Haase für Geduld und Glättung und Genauigkeit.

Ja, die Neuauflage stellt natürlich eine Zäsur dar. Soll ich das Buch aktualisieren, erzählen, welche emotionalen Momente ich in Toronto bei meiner gerade erst gefundenen Großtante Liz erlebte, wie sich die Kontakte zur neuen Familie in Kanada gestalten, welche Diskussionen in der Familie entbrannten, als es um weitere Öffentlichkeitsarbeit ging oder wie gut das Figurenmuseum bei der Langen Nacht der Museen im Oktober 2023 besucht war?

Berührend waren die Gespräche über das Buch und viele der Rückmeldungen. Nur die wenigsten Leserinnen und Leser wollten mehr über mich und meine Familie und das Schicksal einzelner Familienmitglieder wissen, die meisten fühlten sich ermutigt in die eigene Familiengeschichte einzutauchen und dort das Schweigen zu durchbrechen.

Herwig Oberlerchner im April 2024

TEIL I

In der mütterlichen Welt

Die Prozessionen

Ich sehe mich mit Trommeln aus Karton, in denen bis vor kurzem noch Waschmittel war, in der Wohnküche der Urgroßeltern. Weißer Riese, Omo. Breites Plastikband als Griff. Ein Hubschrauber zieht das riesige Leinentuch weiß-bläulich glänzend aus dem Waschpulverpool. Der Jahre später im Fernsehen ausgestrahlte Werbespot. Ich leere den Inhalt der Trommeln auf den Diwan, ein brodelndes Geräusch. Die Lindetiere, die Saurier, die Wildwestfiguren und Engel, ineinander verhakt und verschlungen, breiten sich auf der Überdecke aus. Raus aus den Sandalen, steige ich auf den Diwan und reiche so bis zum Oberrand der Leiste, die die Holzumrahmung des Diwans abschließt. Omama und Opapa, meine Urgroßeltern mütterlicherseits, sitzen am Küchentisch und schauen mir zu, Opapa liest Zeitung, Omama häkelt. Das Radio plärrt Heintje im Wunschkonzert. Die dunkelbraune Holzumrahmung ist gerippt, die Leiste oben flach und gerade breit genug für mein Vorhaben. Die Leiste reicht vom an die Wand geschraubten Metallgestell, auf dem der kleine, meist erst abends ein grieselndes Bild erzeugende Schwarzweißfernseher steht, bis zum Kopfende des Diwans und zum Türstock der Schlafzimmertür. Genug Platz für meine Tierprozession.

Den Anfang macht der große Elefant mit den Stoßzähnen und riesigen Beinen, der stammt aus Afrika, hat nämlich große Ohren. Das weiß ich von Burli, meinem nur sieben Jahre älteren Onkel Willi, dem Bruder meiner Mutter, der auch mein Bruder sein könnte, auch er hat große Ohren. Der Elefant ist eigentlich kein Lindetier, stammt nicht aus der Kaffeepackung mit den blauen Punkten auf weißem Grund, die Omama alle paar Tage öffnet, ein herbeigesehntes Ritual. Reindorf-Extra liest mir Willi vor. Der Elefant ist beige, nicht weiß wie die anderen Tiere, und größer ist er auch – der geborene Anführer meiner Prozession, gefolgt von zwei kleineren Reindorfelefanten mit Stoßzähnen, aber ebenfalls großen Ohren. Danach nun die echten Elefanten aus dem Lindekaffee mit dem Schriftzug, den ich bereits kenne: L i n d e , einer der Elefanten mit vorgestrecktem Rüssel, einer mit eingerolltem. Kleinere Tiere, kleinere Ohren. Indien, sagt Willi bedeutungsvoll, bestätigt vom Nicken meiner Schwester, die schon acht Finger alt ist. Dann die Giraffe, die Hörner hat, die aber nie zu einem Geweih werden, wie ich von Vati, meinem Großvater mütterlicherseits, dem Jäger, weiß, nun der riesige Elch mit dem ausladenden Geweih, seinen rechten vorderen Huf stecke ich in den dünnen Spalt zwischen Mauer und Leiste, sodass er nicht hinunterfallen kann, so steht er festgeklemmt, absturzsicher. Danach die Elchkuh, eigentlich ein Elch ohne Geweih, abgebrochen, verloren gegangen beim unzähligen Ausleeren der Waschpulvertrommeln. Mein Vater schlägt vor, den Elch nun zur Elchkuh zu machen, ich bin unzufrieden; ein beschädigtes Tier als volles Mitglied der Prozession zu sehen, widerstrebt mir, ich kann über den Schaden nicht hinwegsehen, beschließe das versehrte Tier wegzulassen. Der Elch mit Geweih bleibt so der einzige Vertreter seiner Gattung in der Prozession, auch wenn ich weiß, dass er Verwandte hat, den Hirsch und den Rehbock, deren Geweihe als Jagdtrophäen im Vorraum unseres Hauses an der Wand prangen.

Auch gibt es keine Hirschkuh, doch bei den Rehen Bock und Geiß, gefolgt von Gämse und Antilope, dann die dicken, plumpen, die niedrigen Tiere, Nashorn, Nilpferd, die meiner Mutter so gut gefallen, weil sie dick, schwer und behäbig sind, nun das Wildschwein. Ich bemerke, dass ich die Raubkatzen vergessen habe. Die Prozession wird abgebaut bis zur sechsten Figur, dem kleinsten Elefanten. Dann kommen nach der Giraffe der große brüllende Löwe mit mächtiger Mähne, die Löwin, der kleinere Löwe, den ich auch in Grau habe. Tiger und Jaguar, jetzt wieder der Elch, Hirsch und Gefolge, dann die afrikanischen Tiere, schließlich die Schildkröte, zuletzt das Krokodil mit geöffnetem Maul. Die Zähne des Krokodils kommen dem linken Hinterfuß der Schildkröte recht nah, das ist mir unangenehm, ich bin besorgt. Mutti, meine Großmutter, die wünscht sich einen Körperteil von mir, einen, der nur ihr gehört, immer wenn sie mich drückt, bis ich zappelnd nach Luft schnappe. Sie wäre auch mit einem kleinen Zeh zufrieden, dann lacht sie schallend. Ich fürchte, der wird ihr nicht reichen. Der Abstand zwischen Schildkröte und Krokodil muss daher vergrößert werden. Der kleine Affe wird der Giraffe an den Hals gesteckt. Jetzt die Vögel. Auch hier der Größe nach, zuerst der Pelikan, dann der Strauß oder besser umgekehrt, der Reiher, zuletzt jedenfalls der Habicht, nach dem Tukan, beide sitzen mit dünnen Beinen auf Ästen.

Ich gehe wieder alles durch, tausche den Steinbock gegen den Hirsch. Oder doch zuerst den Bären? Ich räume noch einmal ab, entscheide mich für eine andere Reihenfolge, schließe aber wieder mit den Vögeln ab.

Was liegt noch auf dem Diwan? Besorgt vergleiche ich die Leistenlänge, die noch bleibt, mit dem Stoß der Tiere. Obwohl ich mich dagegen entschieden habe, die doppelten Tiere aufzustellen. Auch nicht die Kängurus, die man platzsparend ineinanderschieben kann. Es wird knapp. Denn die nun folgenden Gruppen, weiße Cowboys, rote und braunrote Indianer, die Saurier und die Engel müssen noch Platz haben. Mehrmals muss ich den Abstand zwischen den Figurengruppen verkleinern, die Tiere näher zusammenrücken, der Hirsch stürzt ab, gefolgt von der dünnbeinigen Antilope. Zuletzt der grüne Mickey, die blaue Kuh und der ockerfarbene Indianer. Weglassen? Dazu stellen? Als eigene Gruppe oder abseitsstehende Einzelgänger? Wohin mit ihnen? Lege ich sie in die Trommel, bleibt das Gebilde unvollständig, zur versehrten Elchkuh passen sie nicht. Wegwerfen? Mich trennen von diesen Außenseitern? Dieser Gedanke kommt mir jedes Mal an diesem Punkt, verursacht trockenen Mund und Herzklopfen. Ich schüttle den Kopf und den Gedanken ab, entschließe mich nun doch, die doppelten Figuren aufzustellen, es müsste sich ausgehen, wie es mir beim letzten Mal hier auf dem Diwan stehend ja auch gelingt. In der Zwischenzeit sind nur ein Flugsaurier und ein Indianer mit Pfeil und Bogen dazugekommen, letzterer ein Geschenk von der Muata, der zweiten Urgroßmutter, die bedauerlicherweise wesentlich weniger Lindekaffee trinkt.

Noch einmal: Elefanten, Giraffen, Löwen und Raubkatzen, dann Bär, Bison, Känguru, dann Elch und Hirsch und Verwandte, schließlich Kuh und Pferd, dann schließlich wieder die Schildkröte und zuletzt mit etwas Abstand das Krokodil. Bei den Pinguinen gibt es zwei, einen mit Bodenplatte, einen ohne. Wohin damit? Zu den Vögeln oder zu den anderen Tieren? Dann die Gruppen, die Engel mit ihren Engelszungen und Instrumenten, allen voran der lendenbeschürzte Dirigent, der sich in die Musik versunken nach hinten lehnt, die uralten, allwissenden Saurier, ganz zuletzt, am Ende der Leiste, der grüne Mickey, er kann mit seinen ausgebreiteten Armen nicht im Profil stehen, sondern dreht mir das Gesicht zu. Er passt einfach nicht dazu, nicht farblich, nicht wie er gemacht ist. Gebe ich ihn in die Trommel, starrt er mich vorwurfsvoll an, die geweihlose Hirschelchkuh sowieso. Und doch, endlich stehen alle Tiere in Reih und Glied und scheinen mit ihrer Position zufrieden, es könnte losgehen, wenn der Reindorfelefant sein Trompeten erschallen lassen würde.

Jede Figur hat nun ihren Platz, allfällig notwendige Lücken für Neuzugänge sind auch noch vorhanden. Es gibt kleine und große Tiere, Familien, Männer, Frauen, Kinder, Gruppen und Einzelgänger. Tiere, die sich nah sind, andere fremd, einige mögen sich, passen gut zusammen, um einige muss man bangen, bei anderen ist das Verhältnis zueinander schwerer einzuschätzen. Diese Prozession ist ein Wagnis, eine Herausforderung, ein Kunstwerk, der Versuch eines Miteinanders mit ungewissem Ausgang. Der Reindorfelefant gibt nun das Signal, er hebt den Rüssel. Ich marschiere mit roten Wangen auf dem Diwan mit, Omama und Opapa lachen.

Das Würgen

Omama zieht mich die Böschung hinauf zu einem kleinen, weißgetünchten Haus. Eine alte Frau, die hagere Lehrerin Winkler, sitzt vor ihrem Häuschen mit dem Fundament aus großen, grauen Steinen auf einer abgewitterten Holzbank. Sie schützt ihre Augen mit vorgehaltener Hand gegen den Sommerhimmel, die Sonnenbrille mit den schwarzen Gläsern reicht als Blendschutz nicht aus. Omama flüstert auf meinen fragenden Blick hin etwas von Geblendetsein bei Star. Ich denke an den schwarzen Vogel, an seine dunklen Augen, an Vögel, Krähen, Geier, die Augen herauspicken und tiefe, schwarze Höhlen zurücklassen. Die Kleidung der Winklerin ist schlicht wie die der Urgroßmutter. Beide Frauen tragen schwarze Schürzen über den geblümten Sommerkleidern und Kopftücher. Omama grüßt. Auch ich grüße schüchtern, spüre den Schweiß in der Hand von Omama, warm und klebrig, ich mache mich los, wische meine Hand an der Hose ab.

Wer kommt denn da, fragt die Winklerin, steht auf, die graubraune Strumpfhose wirft Falten an den dünnen Knöcheln. Mit schiefem Kopf schaut sie uns an, erkennt uns nicht. Sie hört uns nur und windet schraubig den Kopf. Hat der Vogel wirklich alles herausgepickt? Die Gratzl Kathi und das Biable, lautet die Antwort. Ah, die Kathi. Die Alte steht auf und begrüßt uns Besucher. Ich versuche zu erkennen, ob sie Augen oder schwarze Löcher hinter den Brillengläsern hat. Aussichtslos. Wir werden in die muffige Küche mit den kleinen vergitterten Fenstern gebeten. Das Biable bin ich mit vier Jahren.

Das Haus hat zwei Zimmer, rechts die Küche, links das Schlafzimmer, vom Vorraum führt eine steile Holzstiege mit einem glänzend glattgegriffenen Holzgeländer in den ersten Stock hinauf. Es gibt verdünnten Holundersaft für das Biable und Lindekaffee für die Kathi. Nach einer Weile holt die Winklerin eine Figur aus dem Schlafzimmer und stellt sie auf den Tisch. Es ist ein Jäger auf einer runden Holzplatte, der Schlüssel zum Aufziehen steckt in seinem Rücken. Ich soll ihn drehen, die Figur aufziehen, nicht zu weit, wegen der Feder. Vorsichtig bewege ich den Schlüssel, schaue hinunter, schaue hinauf, auf die zahnlosen Kiefer der beiden Alten, auf den Schlüssel zum Aufziehen. Drehe und drehe und versuche, das Knarren des Schlüssels im Ohr, in den faltigen Gesichtern zu lesen, wie lang ich noch drehen darf. Der Jäger mit dem Gewehr auf dem Rücken und einem Schaf oder Hund ans Knie gepresst, bewegt sich bald im Kreis, ein Lied ertönt. Ich bin erstaunt, die Frauen lachen. Schließlich bleibt die Figur stehen, verstummt, schaut mich an, Auge in Auge. Und noch einmal soll ich den Jäger aufziehen. Wieder dreht er sich zum Lied. Denselben Jäger hat auch die Muata, die andere Urgroßmutter, in ihrem Zimmer. Solche besonderen Sachen gibt es also mehrfach.

Milchig-trüb ist das Saftglas, wie die Augen der Winklerin, und schmierig belegt, nur in der Nähe des Griffs scheint es sauber, dorthin setze ich umständlich meine gespitzten Lippen. Ein erster kleiner Schluck. Es würgt mich weniger, als ich fürchte, der Ekel wird milder durch meinen Durst. Ich stelle das Glas ab, betrachte die Fingerabdrücke der Winklerin am Glas, die Schlieren im Saft, von denen ich hoffe, dass sie nicht schleimigen, gar giftigen Speichelfäden anderer Menschen entstammen, die aufgerauten Ränder des Glases, wohl von den Zähnen der Vortrinker, den schwarzen Griff des Schlüssels im Rücken des Jägers, die rissigen Hände der Winklerin, ihre krummen Finger.

Im Herrgottswinkel über dem Küchentisch hängt ein Kreuz, dahinter stecken vertrocknende Palmkätzchenzweige und das Sterbebild des verstorbenen Ehemannes. Solche Bilder kenne ich, Omama hat einen ganzen Stapel davon. Die Winklerin zeigt mir das Bild, ich erkenne einen alten Mann und schwarze Zahlen und Buchstaben. Das ist der Gottlieb, der sei jetzt im Himmel. Deswegen steht das alte Haus auch auf dem Gottlieb-Nanne-Bichl. Noch ein Schluck genau über dem Griff, dieses Mal würgt es mich heftiger. Ich mag auswärts weder essen noch trinken. Irgendetwas könnte dieses Glas beinhalten, gar Reste vom Gottlieb.

Der Heimweg ist nicht weit. Die Sonne blendet, ich halte die Hand vor die Augen, denke wieder an Stare und andere schwarze Vögel. Rechts das Haus der Familie Bauer, dann der Schmiedobstgarten mit den alten eisernen Schaukeln aus Hollywood. Auf der hölzernen Sitzfläche hat man zu zweit Platz. Wenn einem von den vielen Äpfeln und Birnen beim Schaukeln schlecht wird, dann ist es ganz wichtig, weiter zu schaukeln, hat mir Willi beigebracht. Man muss stärker sein als der Brechreiz.

Im hinteren Teil des Obstgartens Reste des alten Römerweges mit den alten Wagenspuren und der Steinmauer in der Böschung. Hier kommen die Römer mit ihren Wagen auf dem Weg nach Teurnia durch, einer Römersiedlung in der Nähe, erzählt Willi. Zwei, drei Stellen gibt es, da sieht man Rillen im Stein von den Rädern und alte Mauern. Willi zeigt sie mir. Daneben der Garten von Omama und Opapa mit dem riesigen Nussbaum und dem Holzbänkchen rund um den Stamm, mit einer kleinen Werkzeughütte, dem Kartoffelacker, den vielen Johannisbeersträuchern und den Walderdbeeren und dem gepachteten Heustadel auf der Nachbarwiese.

Der Opapa, der Gratzl, wankt den Weg herunter, kommt uns entgegen. Ich freue mich, ihn zu sehen. Auf Schultern und Rücken trägt er ein riesiges Bündel Heu in ein Leintuch geschlagen. Noch spüre ich nicht Opapas langsam schwindende Kraft. Der Kopf ist nicht zu sehen, aber die knorrigen Hände, das durchschwitzte beige Hemd, das tropfnasse Leinen hängt unter den Achseln durch, dazu der lederne Bruchgürtel. Opapa atmet schwer, hustet und ächzt, die Pfeife hängt ihm im Mund. Tief atme ich ein, diese Mischung aus Schweiß und Tabakrauch und frischem Heu. Gemeinsam überqueren wir die Bundesstraße, Omamas Griff wird fester. Immer links und rechts schauen, mehrmals, Autos fahren immer schneller heutzutage, immer schneller bekräftigt sie. Lilli, die Tochter vom Sepp, kommt oben an der Bundesstraße unters Auto, wird angefahren, schwer verletzt und seither sei sie so. Ich will nicht so laut polternd reden und so eigenartige schaukelnde Bewegungen machen wie Sepps Tochter. Folgsam gleiten meine Augen hin und her.

Der riesige Heuballen vor uns wippt auf und ab, wir folgen andächtig. Beim Haus angekommen, laufe ich in den ersten Stock ins Zimmer von Muata, ihr Jäger steht noch da, ruhig und bedächtig schaut er mich fordernd an, den silbern glänzenden Schlüssel in seinem Rücken. Das Schaf, es ist ein anderes, presst sich an sein Knie. Da gehe ich erleichtert in den Garten vor der Wohnung von Omama und Opapa, dorthin, wo vor Jahren das Mühlbachl fließt und das Mühlrad antreibt. Das Mühlrad lehnt nun an der Mühle des Nachbarn, jahrzehntelang tut es seine Arbeit.

Der Lois

Wir sitzen im Garten auf schlichten Holzbänken an einem Klapptisch vor der kleinen Wohnung der Urgroßeltern. Fliegen wärmen sich an der sonnenbeschienenen Hausmauer, ein bereits löchriges Fliegengitter soll ihr Vordringen in die Küche verhindern. Der Opapa zieht die Haselnusspfeife heraus und stopft sie andächtig. Den duftenden Tabak holt er in gut abgeschätzten Portionen aus dem dunklen Lederbeutel, drückt sie dann mit dem gelbschwarzen Zeigefinger der linken Hand in den Pfeifenkopf, er reißt das Zündholz über die Reibefläche der Siriusschachtel, bis es aufflammt, er zieht mehrmals intensiv an der Pfeife, die Flamme wird in den Pfeifenkopf hineingezogen, leuchtet rhythmisch wieder auf, der silberne Deckel wird zugeklappt, das Zündholz ausgeblasen und in die Schachtel zurückgesteckt. Den Ablauf kenne ich bis ins Detail. Die Tabakkrümel werden in den Lederbeutel geschoben, Opapa lehnt sich schließlich entspannt zurück. Omama bringt Lindekaffee. Diesmal war eine Giraffe in der Packung, sie steht schon bei den anderen weißen Tieren, den „Viechalen", auf jener Leiste, die die Holzeinfassung des Diwans in der Küche nach oben abschließt. Vom Kopfende bis zum Fernseher steht noch meine Prozession. Zuerst die Elefanten, dann die Giraffen mit dem kleinen Affen am Hals, dann der Elch mit dem breiten Geweih, ständig absturzgefährdet, und der Hirsch, Bär und Steinbock, die Raubkatzen, zuletzt das Krokodil. Die Giraffe hat noch braune Kaffeereste zwischen den Hörnern.

Es gibt frische Salzstangerln mit Butter, die krachen beim Hineinbeißen. Auch der Butterwürfel ist frisch. Opapa reibt mit dem Daumenballen einen Teil des Salzes vom Salzstangerl herunter, schabt mit dem Messer Butter in dünnen gekringelten Streifen vom Butterwürfel und trägt sie mit seinem Taschenmesser auf. Ich lecke meine salzigen Lippen. Eine Katze beschnuppert neugierig mit zuckendem Schweif den Heuballen und streicht um Opapas Unterschenkel.

Das Haus, in dem sich die Wohnung der Urgroßeltern befindet, ist um die hundertzehn Jahre alt. Vorne befindet sich die Schmiede, die gehört Andreas, dem Schmied, der war noch bei der Winklerin Schüler. Die Wagnerei von Muata und Vota ist nicht ganz so alt und wird später angebaut. Der Vota ist schon tot, den hätte ich nur knapp um wenige Tage verpasst, sagen alle in der Familie, und ich sei ihm sehr ähnlich, sagt meine Mutter. Aber nicht immer. Wenn ich grantig bin, sei ich eher wie der Lois, der behinderte Halbbruder vom Vota und mein Urgroßonkel. Der Lois schläft über Jahre in der Werkstatt, jetzt lebt er in einem Altenheim. Ich sehe ihn nur selten, meistens auf dem Friedhof, dann im Kärntneranzug und mit Hut und Gamsbart. Lois ist klein, hat einen Buckel und einen großen schiefen Kopf, riesige, vorstehende, gelbbraune Zähne und hervorquellende, gerötete Augen. Beim hastigen und schwer verständlichen Sprechen mit seiner krächzenden hohen Stimme spuckt er. Sein Speichelsprühregen darf niemals in meinen Mund geraten. Ich presse die Lippen aneinander. Wenn er spricht, atme ich nicht ein. Beim Gedanken an Lois schlucke ich. Nie will ich wie der Lois sein oder so werden, greife mir heimlich an die Schneidezähne und räuspere mich. Ich versuche, nicht grantig zu sein.

Wenn wir nach dem Kirchgang oder im Dorf die Michlpaule Kathl treffen, führt kein Weg an ihr vorbei. Schon von weitem winkend steuert sie zielsicher auf mich und meine Mutter zu. Das Schürzenkleid hängt an ihr wie an einer Vogelscheuche, ein Hakenzahn verzieht die Oberlippe und ein Kropf wie ein Sack mit einem eigroßen schwankenden Knoten bewegt sich synchron zu den schaukelnden Kopfbewegungen. Mit lauter, krächzender Stimme fragt sie nach meinem Namen, fragt wieder und wieder und gibt dann nach kurzem Überlegen kreischend und prustend mit triumpfverzerrtem Gesicht mein Geburtsdatum preis. Sie weiß die Geburtstage aller Dorfbewohner, kennt alle Verwandtschaftsverhältnisse und freut sich über ein paar Münzen als Gegengeschäft für einen Gebetszettel, dann trottet sie weiter. Ich hole tief Luft.

Die an Multipler Sklerose erkrankte Rosi fällt beim Öffnen der Telefonzelle am Hauptplatz plötzlich mit versteifter Muskulatur auf den

Hinterkopf, die Rettung kommt mit Blaulicht, ich träume nächtelang von ihr. Der beim See wohnende Kobi steigert sich beim Reden ohne Gegenrede in arge Wut hinein, schüttelt den roten Kopf und schimpft vor sich hin, droht. Der Mozart, ein umherziehender Mann mit vielen Plastiksackerln, ertränkt sich Jahre später im See.

Das Haus

Auf alten Fundamenten baut der Rodavota das neue Haus. Die Wagnerwerkstatt wird der Schmiede angebaut. Darüber die Wohnräume. Ein hohes schmales Haus. Aus dem Wagenschuppen zum Bach hin wird im Jahr 1959 die Wohnung von Opapa und Omama. Über der Werkstatt gibt es zuerst nur zwei Räume, nur über eine Außentreppe erreichbar. Dann wird weiter aufgestockt, umgebaut und erweitert, im Jahr 1968 leben in diesem Haus im Parterre meine Urgroßeltern, Omama und Opapa, im ersten Stock links wohnt die andere Urgroßmutter, die Muata, mit dem zweiten Aufziehjäger. Im ersten Stock rechts wohnen wir: meine Eltern, Schwester Anita und ich. Ganz oben die Großeltern mütterlicherseits: Mutti und Vati, und auch Willi, der um siebzehn Jahre jüngere Bruder meiner Mutter. Bis ins Erwachsenenalter wird er Burli genannt. Lange denke und hoffe ich, er sei mein Bruder.

Ich kenne mich nun recht gut aus in der Familie, ich orientiere mich an den Stockwerken, am Zusammenleben der Menschen im Haus, an den Gerüchen, an den Wiederholungen meiner Mutter auf meine Fragen, die Verwandtschaftsverhältnisse betreffend. Kompliziert wird es, wenn ich an die Eltern meines Vaters denke, die nenne ich Oma und Opa, ihre Kinder nennen sie aber Muata und Vota, zur Unterscheidung werden daher die Urgroßeltern mütterlicherseits Rodamuata und Rodavota genannt, er ist schließlich Wagner und Rädermacher.

In meinem Kopf formt sich ein Schema, eine Ordnung, eine Namensprozession.

Ich

meine Eltern

Mama – Papa

meine Großeltern

mütterlicherseits väterlicherseits

Mutti – Vati Oma – Opa

meine Urgroßeltern mütterlicherseits

Omama – Opapa Rodamuata – Rodavota

Oder besser so:

Omama und Opapa; Rodamuata und Rodavota; Mutti, Vati und Willi; Oma und Opa; Mama, Papa, Anita und ich.

Das Ross

Und wieder werde ich von einer Hand vom Haus weggezogen. Es ist die warme und trockene Hand meiner Mutter. Das Mentebauerross ist nämlich gerade beim Schmied zum Beschlagen. Wir gehen um das Haus herum zum Eingang der Schmiedewerkstatt. Ein stechender Geruch weht uns entgegen, metallisch, spitz, beinahe ätzend, ganz anders als in der Holzwerkstatt von Opapa oder Vati.

Ich bin erstaunt, wie groß, ja riesig ein Pferd sein kann. Andreas, der Schmied, hat eine dicke schwarze Lederschürze umgeschnallt. Das Pferd ist auch schwarz und steht angepflockt vor der Werkstatttür. Nie darf man hinter einem Pferd stehen, ein Hufschlag könnte tödlich sein. Da seien schon einige gestorben an so einem Austreten des Pferdes, wird mir gepredigt.

Der Andreas steht trotzdem hinter dem Tier und entfernt das alte Eisen. Mit einer Feile und einem gebogenen Messer wird das Horn angefrischt, werden Späne abgeschabt. Das scheint dem Koloss nicht weh zu tun. Mit Hammerschlägen wird das neue Hufeisen angepasst. Es wird im Wasser gekühlt, es zischt und raucht, und es riecht nach verbranntem Horn beim Aufdrücken des Eisens auf den Huf. Das riesige Pferd schnaubt, schüttelt die mächtige Mähne. Meine Mutter drückt mich tiefer in die Schmiedewerkstatt, in der Nähe des großen Blasebalgs und des heißen Kohlefeuers. Daneben steht ein Eisentisch mit Zangen, Nägeln, Hämmern und dem Amboss. Der Larissi Heinz, der Geselle, kann den Amboss siebzehnmal hochstemmen, mit ganz durchgestreckten Armen, erzählt mir Willi. Sogar öfter als der Andreas. Mit aller Kraft packt Andreas nun den zweiten Hinterlauf. Das Pferd gehorcht. Wieder Zischen und Rauch und Gestank.

Im Winter zieht das Pferd ein dreieckiges Holzgestell, einen hölzernen Schneepflug, den der Mentebauer selbst zusammengezimmert hat. Am Hals des riesigen Pferdes sind Glöckchen an einem breiten Lederriemen angebracht. Die Kinder im Dorf hören das mächtige Tier kommen, setzen sich auf die Bänke im Pflug und dürfen mitrutschen. Trotz der Kinder im Pflug hat das riesige Pferd keine Mühe, die kleine Schar und den Pflug zu ziehen, doch sind seine Nüstern gebläht und es stößt heißen Atemnebel aus.

Der Mentebauer ist für die Nebenwege zuständig, den Kramerweg, den Bachweg, und für die Gehsteige in der Seestraße und Glanzer Straße. Im Pflug sitzt er ganz vorne und hält dicke Lederzügel in seinen Fäustlingen.

Andächtig starre ich auf das große Tier mit den schwarzen Haarbüscheln um die Knöchel. Der Schmied hat bereits den linken Vorderhuf in Arbeit. Dann den vierten. Hammerschläge, Zischen, Feilen, Rauchen und Stinken. Nun kenne ich schon den Ablauf.

Plötzlich stülpt sich an der Bauchunterseite des Pferdes ein grauschwarzes, immer länger und größer werdendes Ding hervor, es wippt. Ich starre auf die riesige Stange, die zum Pferd gehören muss. Meine Mutter scheint diesen Vorgang nicht zu bemerken und der Andreas ist beschäftigt. Schließlich ist er fertig und zufrieden, klopft dem Pferd auf den Hals und redet mit ihm. Braver Alter, brav. Er geht mit ihm ein paar Runden im Kreis. Die Stange zieht sich zurück, die Hufe klappern gleichmäßig. Jetzt kommt der Mentebauer und übernimmt das Pferd, es begrüßt ihn mit einem heftigen Schwingen des knochigen Schädels. Der Mentebauer im grünen Hubertusmantel verabschiedet sich, die Hufe klappern auf dem Asphalt. Der Andreas steckt Münzen und Geldscheine in die schwarze Schürze.

Der Opapa ist nach dem Krieg Rossknecht, er hat die wildesten und größten Pferde im Griff, heißt es, im Ersten Weltkrieg führt er die Pferdetransporte in die Berge, erst später arbeitet er im Magnesitwerk. Er kann mit den Pferden reden. Im Krieg stirbt er fast, nur jeder sechste von seinem Bataillon kommt heim, er wird mit Typhus den Verwandten in der Scheibtruhe vor die Türe gestellt, kommt aber unerwartet wieder zu Kräften. Die Verwandten erkennen ihn zuerst nicht wieder, wollen ihn gar nicht aufnehmen, rümpfen bei seinem Anblick die Nase, sie haben ja selber nichts zu essen. Besser, er wäre im Krieg geblieben.

Wir verlassen die Werkstatt. Kurz berühre ich noch den Amboss, drücke fester. Er bewegt sich nicht. Zu Hause gehe ich ins Klo und hole das aus meinem Hosenschlitz, von dem ich vermute, dass es der wippenden Stange des Pferdes entspricht, und ich hoffe, dass Mutti nicht gerade diesen Teil meint, wenn sie sich einen Körperteil von mir wünscht.

Meine Mutter bringt mich zu Opapa in die Holzwerkstatt. Ich erzähle ihm vom Beschlagen des Pferdes. Opapa meint, man müsse ganz besonders auf den Schweif der Pferde aufpassen, die Schweifhaare können wie Peitschen die Hornhaut im Auge verletzen. Dann sei man blind. Starschnäbel und Pferdeschweife.

Ich sitze auf Opapas Oberschenkeln, wir spielen Pferdchen. „Hoppa, hoppa Reiter, wenn er fällt, dann schreit er …" Ich bin ungestüm, springe immer wilder auf seinen Knien, gerate schließlich mit meinem Kopf unter das Kinn des alten Mannes, mein Hinterkopf prallt gegen seinen Unterkiefer, die Prothesenteile schlagen aneinander. Für einen Moment ist Opapas Gesicht schmerzverzerrt. Dann lacht er wieder. Ich schäme mich.

Mit zwei Freunden gehe ich über eine Wiese in Döbriach. Zu spät erkennen wir, dass wir uns auf einer Pferdekoppel befinden. Die Freunde stieben nach links und rechts davon, ich entscheide mich, in der Mitte weiter zu laufen, ein Pferd galoppiert mir nach, bäumt sich auf, legt mir die Vorderhufe auf die Schultern, drückt mich zu Boden, ich umschlinge meinen Kopf, spüre die Vorderhufe fast zart auf meinem Rücken.

Das Mühlbachl

Neben der Schmiedewerkstatt steht eine Mühle. Sie gehört dem Salzanderle, dem Bauern vom Nachbargrundstück. Dazwischen fließt das Mühlbachl, eine Ableitung vom großen Bach, der aus den Nockbergen kommt und vorbei am Magnesitwerk im Nachbarort grauschlammiges Wasser in den See trägt. Das Mühlbachl treibt den Schmiedehammer an, bewegt das riesige Mühlrad, und über dicke rotierende Pfosten wird auch die Säge und die Hobelbank der Wagnerei betrieben. Ein raffiniertes System aus Riemen und dicken Holzrädern sorgt für die richtige Geschwindigkeit, später übernehmen das die Elektromotoren. Ein ständiges Brummen und Getöse, und wenn der Vota und seine Söhne arbeiten, wenn Vollbetrieb herrscht, versteht man sein eigenes Wort nicht. Das Rauschen des Mühlbachls sorgt bei allen für guten Schlaf, meint meine Mutter. Allein in die Werkstatt darf ich nicht, es könnte schlimm enden, wenn ich in die Riemen käme. Dann wird man um die Räder und Bolzen gewickelt, sagt Vati. Das sei schon passiert.

Bis zum Ende der 1950er Jahre fließt das Mühlbachl durch unser Dorf, wird auf verschiedene Weise genutzt, treibt mehrere Mühlen und ein Sägewerk an, bewegt Maschinen. Das Mühlbachl ist unbefestigt, stellenweise reißend, fischreich und tief. Doch es gibt auch Badetümpfe für die Kinder. Mit Gabeln wird der Fisch im klaren Wasser aufgespießt. Und das Mühlbachl ist die Kanalisation, trägt die Abwässer zum See.

Jede Familie hat mindestens ein Kleinkind im Mühlbachl verloren, sagt meine Mutter. Die Erwachsenen arbeiten auf dem Feld, im Wald, im Hof, in den Betrieben, man hat keine Zeit für die Kinder. Die Größeren achten auf die kleineren, nicht immer gut. Meine Mutter zeigt mir den Kinderfriedhof an der südlichen Friedhofsmauer mit den Gräbern der Mühlbachlkinder. Kleine Grabsteine und Einfriedungen, Marmorplatten von verrosteten Eisenhaken gehalten, runde Bilder mit Kindergesichtern auf verblassenden Schwarzweißfotos hinter gewölbtem Glas, fast noch Babys, Zahlen, Namen und dann die Opfer des Mühlbachls. Nicht alle

Kinder werden gefunden, einige liegen wohl im See, andere vermutlich noch in den unterspülten Böschungen, meint meine Mutter. Sie liest mir die Namen der Kinder und ihrer Familien vor, sie weiß, wo die Kinder lebten. Und sie erzählt vom Haus, das früher unterhalb des Friedhofs stand, dem Kirchenschusterhaus. Dort wohnt meine Mutter während des Zweiten Weltkrieges bei Omama und Opapa und spielt oft zwischen den Grabsteinen.

Auch das Grundstück, auf dem meine Eltern im Jahr 1964 ein Haus zu bauen beginnen, wurde vom Mühlbachl begrenzt. Oft wird mir gezeigt, wo es bis vor einigen Jahren noch fließt, auch die gefährliche Biegung mit dem unterspülten Ufer. Das Mühlbachl wird zu bedrohlich, schließlich nicht mehr gebraucht, die Elektrifizierung schreitet voran. Es wird zugeschüttet, genug geopferte Kinder. Bald kennen nur mehr wenige den Lauf des Mühlbachls. Doch auch der große Bach ist nur dreißig Meter vom Rodahaus, der Wagnerei, entfernt. Bloß bis zur Böschung, ja nicht darüber hinaus, so die Anweisung. Geht nicht zum Bach, ja nicht, höre ich mehrmals täglich. Der Bach bekommt so eine unglaubliche Anziehungskraft für uns Kinder. Sind die Kinder nicht gleich zu finden, laufen die Erwachsenen immer sofort zum Bachbett.

Als ich bereits im neuen Haus wohne, erliege auch ich der Verlockung des Baches, trotz aller Vorsicht rinnt mir Wasser in die Schäfte der Gummistiefel. Ich hänge die grünen Socken auf die Wäscheleine und stelle die Stiefel umgekehrt auf die steinernen Stiegenstufen vor dem Haus, wie ich es bei den Erwachsenen gesehen habe. Nur dieses eine Mal spüre ich den Teppichklopfer hart auf meinem Hintern, mehrmals, knarrend und schnalzend.

Der Teufel

Ich gehe zu Opapa und Omama, in die Küche. Meine Mutter hat mich schön angezogen, ich spüre es am Kratzen des Hemdes am Hals, spüre es an der Hose, an den Oberschenkeln und in den Kniekehlen. Der steife Gang ist meine Methode, um jegliche Reibung zu vermeiden. Ich versuche, die Knie nicht zu beugen. Die Hose ist beige, meiner Mutter gefällt sie, mir nicht, schon beim Anprobieren im Werkskaufhaus ist klar, dass die Nähte reiben werden, meine Haut ist gerötet. Wenn das Jucken unerträglich wird, ziehe ich die Hose im Verborgenen kurz hinunter.

Omama trägt ein dunkelblaues Kostüm mit einer Brosche am Kragen, ein in Silber gefasster grüner Stein. Opapa sitzt noch im Unterhemd am Küchentisch und rasiert sich, nass, mit viel Schaum und einer frischen Klinge im Rasierer. In einer kleinen Porzellanschüssel schlägt er mit dem Rasierpinsel den Schaum steif und trägt ihn auf Gesicht und Hals auf. Das quatschende Geräusch und dann das Schaben, wenn er sich mit der zur Feier des Tages frisch eingespannten Klinge über die mit der linken Hand gestraffte Haut fährt, höre ich noch heute. Das spärliche graue Haar wird mit Speichel angefeuchtet und zurückgekämmt, der Kärntneranzug angezogen. Jetzt fehlen nur noch die Heldenmedaillen. Omama holt sie feierlich aus dem Schlafzimmerkastengeheimfach. Man muss eine Lade herausziehen, daneben ein Holzstück entfernen, dann kommt eine Spalte im Kasten zum Vorschein. Vierzehn Medaillen in Gold, Silber und Kupfer mit verschiedenen Farbbändern sind an einer überdimensionalen Nadel aneinandergereiht, die Omama nun an Opapas Sakko befestigt. Ich kenne die Bedeutung der Orden, Opapa erklärt mir immer wieder, welchen Orden er für welches Verdienst bekommen hat. Er schaut in den Spiegel, die Omama stolz auf ihn. Die Nadel ist noch nicht gerade genug.

Ich gehe steif, aber feierlich zwischen Omama und Opapa, mit ihm im Gleichschritt, hinunter ins Dorf, zum Dorfkirchtag auf der Wiese beim Bauern Passler. Opapa wird von vielen ehrfürchtig gegrüßt, bewundert. Auf jeden Gruß bin ich stolz, denn er gilt auch mir. Opapa geht aufrecht und andächtig. Die riesigen, schwarzen, immer sorgfältig geputzten Lederschuhe wird er mir ebenso wie das Zeissfernglas kurz vor seinem Tod schenken. Nach seinem Tod im Jahr 1981 hole ich mir auch den Tabakbeutel und den Rasierer. Er ist Achterjäger im Ersten Weltkrieg, geht als junger Mann in den Krieg, kommt todkrank als Held zurück, hat alles gegeben für Österreich, fast sein Leben, seine Fruchtbarkeit. Die Zähne sind ihm ausgefallen, nur mehr 40 Kilo wiegt er, als er von der Isonzoschlacht und der kurzen Kriegsgefangenschaft heimkehrt. 900 Männer des 1.100 Mann starken Feldjägerbataillons Nummer 8 lassen ihr Leben.

Die Orden glitzern in der Sonne. Die Italiener seien Verräter, sagt mir Opapa bei jeder Gelegenheit, und er erwähnt den sinnlosen Stellungskrieg in Italien und die Tunnel im Felsen, die Kälte im Winter und die vielen Toten. Er sieht im Krieg Unglaubliches, sogar den Teufel. Der geht bei einem Wirtshaus vorbei, legt seine Hand aufs Fensterbrett und Opapa sitzt am Fenster und sieht die behaarte Hand. Er sieht auch die Krallen. Die Hand des Teufels, schwört Opapa. Feierlich hebt er seine rechte Hand zum Schwur. Eine zweite Geschichte kenne ich bereits, die soll das Kind eigentlich nicht hören, meint die Omama. Eine Frau in einem Dorf lässt sich mit dem Pfarrer ein und gebiert dann Hunde. So sei das bei Verkehr mit Pfarrern, sagt Opapa mit ernstem Gesicht.

Ich gehe zwischen dem Kriegshelden und Omama immer weiter ins Dorf hinunter, fast sind wir da. Die Hose kratzt fürchterlich. Opapa hat neue falsche Zähne, vorne unten wurde eine Lücke herausgeschliffen, darin hängt die Pfeife. Er hat mehrere Pfeifen, seine Lieblingspfeife ist aus Haselnuss gefertigt und hat eine grüne Kordel. Die ziehe am besten. Was Opapa wirklich im Krieg macht, welche Orden er wofür bekommt, erfahre ich bei seinem Begräbnis 1981 etwas genauer. Bevor die Fahne ins Grab gesenkt wird, berichtet sein Vorgesetzter im Krieg, ein bereits schwankender, uralter Mann, selbst dem Tode nahe, in der Grabrede von Opapas Heldentaten: Opapa hört beim Wachehalten schabende Geräusche im Felstunnel. Er warnt rasch seine kleine Einheit, man räumt den Tunnel, kurz darauf gibt es eine heftige Explosion. Die Medaillen prangen auf einem blauen Samtkissen mit dem gestickten Motto: „tapfer und treu." Dann ertönt: „Ich hatt' einen Kameraden ..." und der Marsch „Achterjäger voran". Ich bin mehr stolz als traurig. Bei Papas Begräbnis bin ich mehr traurig als stolz.

Die Tränen

Ich sitze bei Opapa in der Werkstatt. Er ist mein Held. Nur bei ihm bleibe ich auch allein, vertraue ihm blind, obwohl ich sonst immer als Muttersöhnchen bezeichnet werde, weil ich ohne meine Mutter schnell ängstlich und verzweifelt bin. Opapa setzt mich auf die Hobelbank, gibt mir ein Stück Holz, Schmirgelpapier und eine Raspel, wir arbeiten beide. Er repariert Rechen und Hackenstiele, fertigt Grabgestecke und lackiert Holzschlitten. Er stopft seine Pfeife, raucht, trinkt Lindekaffee und er sitzt vorm Haus in der Sonne, die Katze im Schoß. Alle Katzen lieben ihn, suchen seine Nähe. Wir reden im alten Dialekt, ich bin stolz auf die vielen alten Worte, die er mich lehrt, Worte, die fast niemand mehr kennt.

Ab und zu hustet Opapa heftig, er hat ja im Werk hart gearbeitet, ist Hilfsarbeiter, bekommt beim Kehren den Staub sehr tief in die Lunge, den ganz feinen, sagt mein Vater, der auch im Werk arbeitet. Dann hustet Opapa noch stärker, steht auf, räuspert sich, holt etwas aus den Tiefen seiner Lunge und spuckt es aus, grün, gelb, braun, mal ins Ofentürchen, mal über den Zaun in Nachbars Wiese, selten ins Taschentuch. Emphysem ist der Ausdruck dafür. Mit diesem Schleim putzt er jene Silbermünze, die er mir kurz vor seinem Tod auch noch schenkt und die jetzt grünlich schimmernd in meinem Münzalbum prangt. Zweite Reihe rechts oben.

Jahre später wechsle ich das alte, löchrige Fliegengitter am Küchenfenster von Omama und Opapa. Mit einer Zange entferne ich auch die bereits rostigen Heftklammern. Ich falte die Enden des neuen Gitters, befestige sie mit neuen Heftklammern am Holzrahmen, ich mache es rasch, ordentlich und geschickt. Opapa, nun schon über achtzig, versucht zu helfen, setzt seine Hornbrille auf und bewundert meine Schnelligkeit. Dem alten Mann rinnen Tränen über die Wangen, er meint, ich sei so geschickt und er zu nichts mehr zu gebrauchen. Das Alter sei schlimm. Ich weiß nicht, was ich Tröstendes sagen kann, sehe das erste Mal Tränen in seinen Augen. Ich hole den Urgroßeltern noch Brennholz aus der Hütte für den Zusatzherd, dann spielen wir Mensch ärgere Dich nicht. Daneben wie immer der Lindekaffee.

Ich bin nun schon fünfzehn Jahre alt und Opapa bittet mich, zu Vati, meinem Großvater, dem Vater meiner Mutter, zu gehen und seine Bohrmaschine zurückzuverlangen. Vati reagiert mürrisch, meint, Opapa könne ja nichts mehr anfangen damit, er sei schon zu alt. Ich bestehe auf der Rückgabe und trage aufgewühlt die gelbe Husqvarna zu Opapa zurück.

Opapa sitzt auf dem Diwan, die Pfeife hängt ihm trocken im Mund, heute schmeckt sie nicht. Er räuspert sich, hat etwas Fieber, glasige Augen. Er steht noch einmal auf, spuckt in den Herd, in die Aschenlade, kommt gerade noch zum Diwan zurück und legt sich hin. Er reagiert nicht mehr auf die Rufe seiner Frau, atmet schwer, schließlich mit immer längeren Pausen. Der alte Hausarzt drückt ihm die Augen zu. Opapa bleibt auf dem Diwan liegen, bis der Bestatter kommt.

Die Finger

Ich gehe stolz, aber steif, um wieder jegliche Reibung zu vermeiden, zwischen Omama und Opapa ins Dorf hinunter. Ich habe es nun schon leise raunend, eher zufällig gehört, ich will es aber nicht hören. Er sei nicht mein richtiger Urgroßvater, der richtige wäre in Amerika. Opapa ist also nicht der Vater von Mutti, meiner Großmutter, er heiratet Omama erst später, sie haben keine gemeinsamen Kinder. Aber er habe angeblich mehrere mit verschiedenen anderen Frauen, darunter Zwillinge, gezeugt zwischen den Kriegen. Zwei davon kenne ich, die Annemarie und die Tochter aus Weißenstein. Über die anderen wird geschwiegen. Weiß er, dass ich von den Gerüchten, vom leisen Raunen, dem Unglaublichen weiß?

Ich stehe neben Opapa beim Kreuz im Dorf, die Trachtenfrauen marschieren vorbei, dann die Werkskapelle und der Kirchenchor, es kommen die Feuerwehrleute und ich sehe Vati in Uniform mittendrin, er geht im Gleichschritt neben dem Obmann und dem Passler und dem Jesenko, bei den eher kleinen Männern. Er trägt einen Feuerwehrorden, die anderen Orden, die er hat, darf man in der Öffentlichkeit nicht tragen, die sind aus dem Zweiten Weltkrieg, wird mir gesagt. Ganz selten bekomme ich sie zu Gesicht, nur am Ende von Familienfesten mit viel Bier und Most, wenn über den Krieg gesprochen wird und Hitlers Besuch in Klagenfurt und über die Leute in den Straßen von Stalingrad und Murmansk und Narvik und über die Krim und die Toten im Schnee, denen man die Stiefel von den gefrorenen Füßen zieht. Dann zeigt der Vati das Eiserne Kreuz. Schweigen, Stille.

Wir sitzen beim Kirchtag am Tisch, langsam füllen sich die Bierbänke. Schließlich sitzt die ganze Familie beisammen, die Rodamuata kommt auch, Vati und Mutti, Omama und Opapa, meine Eltern und Willi und Anita, dann kommen noch die Passler, die Familie von Vatis Bruder und die Fani, Vatis Schwester, mit ihrem Mann und der dicken Tochter. Es wird gegessen und geredet, getrunken, gespuckt und gelacht, ich sitze in einer lauten, wohlig warmen Wolke aus Worten, Bier- und Essensdunst, trinke

Limonade mit dem Strohhalm und lausche, rieche Opapas Pfeifentabak und betrachte die glitzernden Orden, schaue auf die Hände, passe auf, dass mich die feucht-sprühende Aussprache des Passlers nicht trifft.

Dem Willi fehlt ein Fingerglied, wegen seiner Neugier und dem Fleischwolf, sagt Mutti. Dem Opapa fehlt ein ganzer Finger, der rechte Zeigefinger, das war der Krieg. Vatis rechter Daumen ist steif, da drin hatte er einen Wurm, Blutvergiftung, erfahre ich später. Papas kleiner Finger ist ohne Endglied, das passiert während der Schlosserlehre. Ich zähle meine Finger, schaue sie alle an, sinniere, wie viele und wann und wie ich wohl welche verlieren könnte, dann werde ich mit Anita und Willi in die Schiffschaukel gesetzt.

Das Schwein

Ich stehe mit Opapa an der Mischmaschine, die Pfeife hängt wie immer in der Zahnlücke, wir mischen Malte, Beton. Er weiß genau, wie viel Sand, wie viel Wasser und wie viel Zement für die optimale Mischung notwendig ist. Ich darf mit einer kleinen Schaufel helfen, aber Vorsicht, die Schaufel kann sich in der Trommel verhaken, erst gar der Arm, der würde aus dem Kugellager herausgerissen werden. Wenn der Brei in der Mischmaschine gleichmäßig grau ist und wie Lava rinnt, dann passt er, verrät mir Opapa. Mein Vater kommt mit der Scheibtruhe, sie ist voll bis an den Rand, er fährt ächzend über dicke Bretter, die sich unter der Last biegen, ins Parterre des Hauses. Dann die Jause, Speck und Brot und Käse und Würste und Most und Bier. Alle sitzen wie aufgefädelt in einer Reihe. Ich trinke mit Opapa Bier, zwei, oft drei kleine Schlucke sind erlaubt, er ist der einzige Mensch, mit dem ich aus derselben Flasche trinke. Bei allen anderen, besonders bei meiner Mutter, würgt es mich. Ich sei sehr haklich, höre ich immer wieder. Von der Pfeife kosten darf ich nicht.

Das Grundstück, auf dem das neue Haus stehen soll, ist mit einem Holzzaun abgegrenzt, das vor kurzem gesäte Gras wächst schon recht gut, hinten stehen zwei große Apfelbäume mit den riesigen Äpfeln, die im ganzen Dorf bekannt sind. Es sind die einzigen Äpfel, die beim Mostpressen beim Reithofer in Stücke geschnitten werden müssen, um ins Schneidewerkzeug zu passen. Hinter den Apfelbäumen, an der Grenze zum Nachbarn Bergmann, fließt bis vor wenigen Jahren in Mäandern das Mühlbachl.

Mit meiner Mutter mähe ich den Rasen. Wenn man den mechanischen Rasenmäher schiebt, schleudert es hinter dem Drehmesser die Halme raus, laufen wir schnell, habe ich den Mund vor Lachen voller Gras, dann muss ich spucken und husten und lachen zugleich. Das Haus wächst, das Dach ist fertig, der riesige Maurer Tersola mit den tellergroßen Händen und den schmerzenden Bandscheiben, vom Werk als Arbeiter ausgeliehen, mauert und verputzt schnell und geschickt, dann die Heizung, später die Malerarbeiten.

Im Frühling 1969 ist es so weit, das Haus ist fertig. Ich bin fünf Jahre alt und mag das neue Haus nicht. Es ist kahl und still und kalt, weit weg von Opapa und Willi und den Geräuschen der Maschinen, dem Rauschen des Baches und den vertrauten Gerüchen, den Werkstätten, dem kleinen Stall mit den Schweinen und den Hasen. Ich will nicht ins neue Haus, sage ich zu meiner Mutter.

Vorm Stall beim Rodahaus wird gerade wieder ein Schwein geschlachtet. Es schreit und quiekt laut und schrill, als es aus dem Stall gezerrt wird. Bringt die Kinder weg, heißt es. Ein riesiger Holztrog mit kochendem Wasser steht vor Opapas Holzhütte auf der Rückseite der Mühle. Wir Kinder gehen kurz vor das Wirtschaftsgebäude, das Schwein ist plötzlich still. Wir dürfen wiederkommen. Das Schwein liegt im Trog und wird mit einer Kette abgerieben, dann aufgehängt und in der Mitte gespalten, die Rodamuata, eher für das deftige Essen zuständig, rührt Blut mit Salz und Essig zu Blutsuppe, die die Männer später essen. Das Schwein wird ausgenommen, die Harnblase entleert, Vati bläst sie mit der Fahrradpumpe auf, bindet sie mit einem Bindfaden ab, wir Kinder spielen Fußball damit. Es ist heiß, überall riecht es nach Blut, aus dem Trog dampft es noch, alle sind beschäftigt. Dann hängen zwei Schweinehälften an einem Holzgestell, in Kübeln häufen sich Eingeweide und irgendwo ist der Kopf. Der wird auch gegessen.

Die Dorftragödien

Ich will das Rodahaus nicht verlassen, will mir in Vatis Werkstatt weiter duftende Sägespäne durch die Finger rieseln lassen, will bei Opapa in der Werkstatt sitzen, ihm beim Schärfen der Sense, dem Tongeln, zuschauen und im Sand vor der Garage spielen, Salzstangerln essen und Lindefigurenprozessionen aufstellen, mit Willi Legogaragen bauen und im Schmiedobstgarten bis zur Übelkeit schaukeln und heimlich über die Bundesstraße in den Wald zur Schmiedwand und zur Fuchswand mit den Höhlen gehen.

Ich möchte weiter Stollwerck von Omama bekommen, die braunen, die schneller zergehen und nicht so an den Zähnen kleben bleiben wie die bunten. Doch ich habe schlechte Zähne, meine Mutter schimpft mit Omama, aber bei jeder Begegnung holt diese wieder Stollwerck aus der Schürzentasche. Omama hat schon als junge Frau keine Zähne mehr.

Ich schlafe im Gitterbett, wache am Tag der Übersiedelung nicht auf. Will nicht aufwachen, blinzele heimlich zwischen den Gitterbettsprossen in die Sonne. Meine Mutter weckt mich schließlich. Die Wohnung ist leergeräumt, das Gitterbett wird auf den Anhänger, den der graugrüne Werkstraktor zieht, gehievt, ganz oben thront das hellbraune Gestell, wackelt bedrohlich. Wir gehen dem Traktor hinterher. Das Gitterbett mit der roten Matratze schaukelt.

Im neuen Haus ist alles kahl und leer, keine Gerüche, nur die frische Farbe an den Wänden, still, doch bald lerne ich die Kinder der Nachbarschaft kennen.

Zwei Tage nach der Übersiedelung kommt Opapa auf Besuch, bringt noch ein paar Sachen im Handkarren und mir hat er ein Schwert aus Holz gemacht. Es ist großartig und silbern gestrichen. Der Lack ist noch feucht. Wir sitzen nebeneinander auf der Terrasse, warten, bis es in der Sonne trocknet und metallisch schimmert. Mit dem Ritterschwert in der Hand ist es leichter, die neue Gegend zu erkunden. Ein ähnliches Schwert macht mir Vati, es ist dunkelbraun und gekrümmt, liegt aber nicht so gut in der Hand wie Opapas Ritterschwert.

Bald finde ich Freunde unter den vielen Kindern in dieser neuen Einfamilienhaussiedlung. Wir bilden Banden, raufen, erkunden die noch urwüchsige Umgebung, es gibt Völkerball, Wettrennen, Lager im Maisfeld und Radweitsprung im Sommer, Schneeballschlachten und Iglus im Winter. Ich ziehe Andrea aus dem Nachbarhaus nackt aus und bemale sie mit Wasserfarben am ganzen Körper. Ihre Oma kreischt und ignoriert mich über Jahre, meine Mutter meint nach dem ersten Schrecken, die Linien und Spiralen insbesondere am Oberkörper erinnerten sie an Hundertwasser. Ich ziehe zwei weitere Nachbarmädchen aus und erforsche sie und die Verbindungen zur Innenwelt. Dieses Mal stoße ich, verraten von meiner Schwester Anita, auf weniger Verständnis. Herr Havas fällt über den Zaun, als er uns nachläuft, weil wir immer wieder an seiner Tür läuten. Opa Schlaf läuft mir mit Gipsbein bis in den ersten Stock des neuen Hauses nach, als wir ihn hänseln. Er wird im Wohnzimmer der Familie aufgebahrt, der Sarg wird an der Schwelle vor dem Weg zum Grab dreimal kreuzweise abgestellt. In diesem Haus sterben viele Menschen, zu früh, zu jung. Die alte Frau Schumi verrichtet ihre Notdurft im Keller des Mehrparteienhauses, düngt damit ihren kleinen Acker und schenkt uns Gemüse als Gegenleistung fürs Augeneintropfen bei Star, grün nicht grau.

Das neue Haus beginnt mir zu gefallen. Wir haben Fremdenzimmer im ersten Stock. Sommergäste, auch mit Kindern, die meine Sprache nicht verstehen, sie kommen per Bus, später mit ihren Autos, wir gehen zum See, turnen im Garten, wandern und grillen, erste heimliche Küsse in der Hollywoodschaukel. Eine erste große Liebe.

Es gibt Dorffeste und Dorftragödien. Der Stall des Bauern Zigeiner brennt nieder, das Schreien der Kühe wird übertönt vom Schreien der Altbäuerin, die, kurz bevor das Dach krachend einstürzt, die Tiere loskettet und ins Freie treibt. Mit dem Stock droht sie dem Feuer. Ein Bub, nur wenige Jahre älter als ich, robbt über das Förderband der Entmistungsanlage in den Stall vom Burgstaller, genau in dem Moment, als der taube Knecht den Strom einschaltet, er liegt nun aufgespießt und in ein blutiges Leintuch gehüllt auf der Wiese. Ich höre die Schreie seiner Mutter.

In einem Jahr kurz nach dem Krieg sei es besonders schlimm gewesen, erinnert sich meine Mutter, der Sattler hat einen tödlichen Verkehrsunfall, Mord und Suizid nach unerwiderter Liebe und der Ertrinkungstod einer Familie im See beim Kentern eines mit Äpfeln überladenen Bootes. Ein schlimmes Jahr, den verschmähten Liebhaber sieht meine Mutter noch heute mit einem Loch in der Schläfe am Boden liegen.

Die Stiegen

Nach dem Umzug ins neue Haus betrete ich das Rodahaus, meine erste Heimat, wohl noch tausende Male. Es steht an der Hauptstraße. Zum Dorf gewandt, nach Westen gerichtet, befindet sich die Eingangstür. Ich betrete den Vorraum, der ist zuerst das Lager für den Schmied, später das Holzlager für die Wagnerei und noch später eine Stube, darin schlafen der Lois und im Krieg auch die Zwangsarbeiter aus Polen und dann die Gesellen. Weitere Jahre später ist es ein Zimmer mit eingebauter Küche und wird im Sommer sogar an Gäste vermietet. Hier gibt es keinen Keller, Wasser dringt bei Regen immer wieder ein, der Untergrund ist aufgequollen, dann wieder gefroren, der Bodenbelag ist wellig.

Im Vorraum des Rodahauses hängen links an der Wand in mehreren Reihen die Jagdtrophäen vom Vota, versehen mit Datum und Ort des Jagderfolges. Im Grund, einem Gebiet in den Nockbergen, jagt er oft. Unter den Jagdtrophäen hängt ein gerahmtes Foto. Der alte Rodavota sitzt schon krumm und gebeugt auf einem Sessel im Garten, vor ihm liegt ein Rehbock, der Kopf mit einem Zweig aufgestützt, die letzte Äsung, ein Fichtenzweig, im Maul. Daneben hockt Willi als Kind in kariertem Hemd und Lederhose und Hut mit Gamsbart. Der letzte Bock. Unter der Stiege die Tiefkühltruhe, vollgepackt mit Fleisch, uralt und nur mehr fraglich genießbar.

Eine Tür führt in die Werkstatt mit der großen Bandsäge und der Hobelbank, der Drechselbank und den Regalen mit den Holzwerkzeugen, den Raspeln und Hobeln, Handbohrern, Hämmern und Messern. Die Wagnerwerkstatt. Rechts hinten der Ofen, in dem gepresste Sägespäne verbrannt werden. Eine jetzt verschlossene Tür verbindet die Wagnerwerkstatt mit der Schmiede. Die haben früher eng zusammengearbeitet, der Schmied und der Roda, erklärt mir mein Vater. Der Roda macht die Schlitten, der Schmied die Kufen und die Metallreifen für die Fässer und die Wagenräder. Sogar Lastwagenkarosserien aus Holz stellt der Roda in der Nachkriegszeit vorübergehend her und repariert Kutschen und baut

Fuhrwerke und Schlitten. In der Hochblüte gibt es Arbeit für vier Gesellen und beide Söhne. Große Räder und Holzgestelle lagern im Hof vor dem Haus und der alten Waschküche und dem Stall, sieht man auf alten Fotos.

Vor der Werkstatt führt im Norden eine Freistiege zum Balkon hoch, von dort betritt man einen Vorraum im ersten Stock, der zwischen der Küche der Muata und ihrem Schlafzimmer liegt. Diese Holzstiege kenne ich nur von alten Fotos. Vota, Muata und Vati stehen auf dem Balkon, blicken ernst in die Kamera. Vom Vorraum geht nun innen eine Stiege in den ersten Stock, diese wird viel später gebaut.

Die Stiege im Inneren des Hauses ist sehr steil, nach oben zur Decke mit Holz verkleidet, in diese Verkleidung baut Vati Fächer hinein, je ein Fach für die Schuhputzsachen, die Cremen und die Bürsten und die Putzfetzen. Es gibt viele solcher Fächer im Haus. Fächer in den Wandverbauungen für Flaschen mit Alkohol, Geheimfächer in den Kästen für Schmuck und Medaillen und Schriften, aufklappbare Ziegel auf dem Dach des Wirtschaftsgebäudes. Die Freistiege wird später abgetragen, die Innenstiege führt nun zum selben Vorraum im ersten Stock und von dort zur Wohnung meiner Eltern und Anita und mir. Da ist auch das Etagenklo. Früher, noch vor dem Zubau, gibt es nur ein Plumpsklo im ersten Stock und eines bei der alten Waschküche. Alles geht wohl ins Mühlbachl, und im Winter ist es sehr kalt auf dem Klo. Der Bretterboden auf dem Weg dahin ist oft vereist, erzählt mir meine Mutter. Das Haus ist ein verschachteltes Labyrinth mit Verstecken, Gängen und Zimmern, verbunden mit der Umgebung und den vielfältigen Leuten, meine Kindheitsburg.

Der Wagenschuppen neben dem Vorraum wird zur Wohnung von Opapa und Omama, darüber entsteht 1959 die Wohnung für die dritte Generation, ganz in Wagnermanier gebaut. Ein Gerüst aus Holzbalken, Fachwerk, verkleidet mit Bretterwänden, als Dämmstoff werden Pappendeckel und Papier verwendet, was bei Flämmarbeiten Jahre später fast zu einem Vollbrand des Hauses führt. Bei weiteren Ausbauten kommen dann Heraklithplatten aus dem nahen Werk zum Einsatz. Vom Vorraum vor Muatas Zimmer geht eine noch steilere Stiege in den zweiten Stock hinauf, zur Wohnung von Vati und Mutti und Willi.

Die Wagnermeistersgattin

Ich gehe zur Wohnküche der Rodamuata im ersten Stock, klopfe an. Sie sitzt am Tisch, rechts an der Wand steht das Bett, daneben ein Waschbecken, ein kleiner Tisch mit einer Herdplatte, abtropfendes Geschirr auf einem Geschirrtuch. Links von der Zimmertür eine Kredenz, in der Mitte unter den Fächern mit den Milchglasscheiben steht der grüne Jäger, sieht mich erwartungsvoll an. Der Aufziehschlüssel steckt im Rücken. Im Auftrag von Mutti stelle ich die Schale mit Milchkaffee auf den Tisch, dazu den Teller mit Weißbrot zum Einbrocken. Sie bedankt sich, blickt nachdenklich aus dem Fenster, knetet die Hände und redet leise seufzend vor sich hin. Das andere Zimmer im ersten Stock gehört auch ihr, es ist das ehemalige Schlafzimmer der Rodaeltern, das Bett ist immer frisch gemacht, ein paar Kästen mit Kleidung und Bettwäsche, ein paar Bücher, ein kahler, unfreundlicher, lebloser Raum. Ich gehe nur sehr ungern hinein. Über dem Bett ein großes Bild, Jesus geht mit seinen Jüngern durch ein Kornfeld. Der Raum ist unheimlich, riecht nach Krankheit und Tod, ist immer kalt. Hier wird 1964 auch der Rodavota aufgebahrt, rund um die Uhr bewacht von seinen Jagdkollegen, kurz vor meiner Geburt.

Heimeliger ist Rodamuatas vorderes Zimmer, ihre Wohnküche, dort lebt sie bis zu ihrem Tod im Jahr 1991. Schon fortgeschritten dement, wird sie von Mutti gepflegt, sie sitzt am Küchentisch, nachdem sie mühevoll in die Küche in den zweiten Stock hinaufgeklettert ist, und schält Kartoffeln, blättert in der Tageszeitung und in Jagdzeitschriften, sortiert Gebetszettel und Heiligenbildchen, starrt oft nachdenklich vor sich hin, knetet rastlos ihre riesigen Hände. Die Muata hat eine große knollige Nase, weiße Haare zu einem dünnen Zopf geflochten und als Haarkranz hochgesteckt, und sie hat gütige Augen. Oft erzählt sie von früher und freut sich über Zuhörer. Bald kennt sie mich nicht mehr, ich sage ihr meinen Namen und wie ich mit ihr verwandt bin, sie schüttelt nur ungläubig den Kopf, bezeichnet mich als Dampfplauderer und lacht dann, selber zweifelnd. Alte Lieder und Gedichte fallen ihr plötzlich ein, und sie singt dann lauthals, mitunter nationalsozialistische Lieder, dann schließt Mutti schnell die Balkontür. Das müsse ja nicht das ganze Dorf hören, meint sie. Oft singt Mutti mit ihrem hellen Sopran mit. Sie kennt alle diese Lieder. Ich inzwischen auch.

Sie sei eine fleißige Frau, erzählt mir Mutti, die Rodamuata kocht für die Männer in der Werkstatt, sie ist bekannt für ihre Kochkunst und kann alles zubereiten, was von ihrem Mann, dem Vota, dem Roda, dem Jäger, mitgebracht wird, und es kommt Gämse und Wild, sogar Dachs und Ente und Fasan und Hase, und im Krieg wer weiß, was noch alles, auf den Tisch. Hier im Haus hat sie ihren Lebensabend und wird gepflegt, mag schließlich nicht mehr aufstehen und schläft alt, gebrechlich und müde, wie Opapa zehn Jahre zuvor, ein letztes Mal ein.

Bertha heißt sie eigentlich, die Rodamuata, sie heiratet den Roda 1919, kurz nach dem Tod seiner ersten Frau, und hat mit ihm drei Kinder. Den Franz, den Passler, der Geschichten erzählen und lachen und Stanzl singen kann wie kein Zweiter, ein begnadeter Unterhalter, mit dem jedes Fest gelingt, so auch die Hochzeit meiner Eltern im Jahr 1960. Und die Fani, die der Muata so ähnlich ist. Und einen Peter, der kein Jahr alt wird und 1922 stirbt und damit die Sterbetradition im ersten Stock des Hauses fortsetzt.

Der Grund

Der Rodavota heißt Wilhelm und wird am 5.10.1881 geboren. Seine Mutter heißt Rosalia und ist Tochter eines Wagnergesellen. Seine Großmutter Anna, die Mutter der Rosalia, stammt auch aus einem Wagnerbetrieb, ihr Vater wiederum, der erste Wagner in der Familie, heißt Christian und lebt von 1786 bis 1858. Rosalia gibt keinen Vater an, mein Urgroßvater Wilhelm ist ein lediges Kind und erst elf Jahre alt, als seine Mutter verstirbt. Wo und bei wem er aufwächst, erfahre ich nicht. Er wird Wagner. Er kauft als junger Mann das Grundstück an der Hauptstraße in meinem Heimatdorf, dort gibt es schon steinerne Grundmauern, auf die er das Holzhaus stellt, das immer wieder erweitert und vergrößert wird. Bald hat er zwei Gesellen.

Das Gerücht, der Vater des Rodavota sei ein Südländer, ein reisender Handwerker gewesen, hält sich hartnäckig, denn auch der Rodavota ist nicht nur extrovertiert und temperamentvoll, sondern dunkelhäutig und schwarzhaarig und unternehmungslustig wie einige seiner Nachkommen. Er spielt Theater und ist leidenschaftlicher Jäger, hat auch ledige Kinder, zwei Töchter, die Großtanten Anni und Maria, an die ich mich erinnere, zwei schwarzhaarige Schönheiten. Eine wird später Nonne. Er heiratet 1911 Rosa Benedicta, eine schöne junge Frau aus einem nahegelegenen Dorf. Für sie gestaltet der Roda jene zwei Räume im ersten Stock des Hauses, die Küche und das Schlafzimmer.

Rosa kocht in der Kuche im ersten Stock. Sie versorgt die Arbeiter in der Werkstatt, trägt die Vormittagsjause und das Mittagessen und die Abendjause über die steile Stiege nach unten. Eingekauft wird bei den Bauern im Dorf, dem Spitzel, dem Berger, dem Zigeiner und dem Mössler, und Gemüse und Beeren gibt es im Garten und Obstbäume beim Salzanderle. In einem kleinen Nebengebäude, heute ist dort eine Wiese, befindet sich die Waschküche und ein kleiner Stall. Hühner, Enten, Schweine, Ziegen und Hasen werden gehalten. Viel Arbeit für die einundzwanzigjährige Frau. Das Haus ist zu putzen und die Werkstatt, und der steile Auf- und

Abstieg über die Stiegen wird immer schwieriger, Rosa ist schwanger. Das Wäschewaschen fällt ihr immer schwerer, die feuchten Dämpfe, die Hitze in der Waschküche, vom Freien ins Haus und zurück. Sie schwitzt und fröstelt. Kunden müssen versorgt werden, und am Wochenende hört die Arbeit nicht auf, der Rodavota ist oft unterwegs auf der Jagd im Grund, im Gasthaus und im Dorf. Er ist Vorsitzender der Mühlenbetreiber und Sprecher der Wagner und gerne unter Leuten.

Die Kindersterbelieder

Es wird eine unkomplizierte Geburt. Noch im Jahr der Hochzeit wird 1911 Stephanie geboren, ein zartes Mädchen. Im November 1914 stirbt sie an den sogenannten Fraisen. Sie isst und trinkt wenig, erbricht oft, wird immer schwächer, hat schließlich hohes Fieber, leidet an Durchfall, bekommt Krämpfe und hört eines Nachts zu atmen auf.

Nächtelang trägt Rosa das kleine Mädchen herum, singt ihm Lieder vor, religiöse Lieder, Kinderlieder, Kirchenlieder. Zuletzt Gebete und ganz zuletzt Kindersterbelieder. Diese schreibt Rosa in ein Buch, es ist viele Seiten stark, es bleibt erhalten. Auf der ersten Seite steht in großen Buchstaben in Kurrent: *Dieses Buch gehört der Rosa Liesinger: 1911.*

Darunter ein erster Reim: *Sterben ist kein Kinderspiel, wer in dem Herrn entschlafen will.*

Der Einband ist abgegriffen, die Buchstaben sind an vielen Stellen verronnen, Rost an den Heftklammern, Feuchtflecken, Reste der Tränen der Mutter, Wachsflecken von den Kerzen, die Rosa beim Schreiben etwas Licht geben. Dieses Buch und andere Hefte liegen nun in einem Kasten zusammen mit alten Fotos und den Medaillen und Schachteln mit Briefen und Dokumenten neben all den anderen Teilen des Familienarchivs.

Sterbelied
Was habe ich wohl hier zu hoffen, nichts als eitle Angst und Unwohl,
die mich hat so viel getroffen hier in diesem Jammertal, ja, ich weiß
von Kindesbeinen nichts als lauter Angst und Pein.

Das zweite Kind von Rosa und Wilhelm kommt 1912 auf die Welt und ist ein Junge, mein Großvater, Vati. Er wird nach seinem Vater Wilhelm genannt und soll später Wagner werden.

Das dritte Kind, ein Mädchen namens Maria, wird 1915 geboren, auch Maria gedeiht nicht recht, hustet häufig und röchelt in der Nacht, bekommt schließlich Fieber. Der Arzt rät, feuchte Leintücher im Raum aufzuhängen und das Schlafzimmer zu heizen, empfiehlt Wickel mit verdünntem Essig bei Fieber. Der Rodavota schwört auf Murmeltiersalbe und reibt den Sohn und die Tochter in den kurzen Fronturlauben ein. Eine kräuterkundige Hebamme kommt. Die Fraisen, Kalkmangel, zu viele Geburten, geschwächte Mutter, zu dünne Muttermilch. Zwiebelscheiben auf die Brust, Fencheltee und Räuchern mit Thymian und Spitzwegerich und ein Fraisenband für jedes Kind, so ihre Empfehlungen. Auch eines für das vierte Kind, den 1917 geborenen Norbert, ein zarter Junge, der nie gehen lernen wird. Das Zimmer ist feucht, es riecht nach feuchten Windeln, feuchten Wänden, dem fiebrigen Atem der sterbenden Kinder.

Rosa näht diese Fraisenbänder, vorne im flachen Beutel steckt ein Zettel. Der Beutel darf nicht mit Knöpfen gefertigt werden, er wird jeden Abend geöffnet, der Spruch, ein langes Gebet, wird mehrmals laut vorgelesen, dann wieder zurückgesteckt, den Kindern zu bestimmten Uhrzeiten auf die Brust gelegt. Neunmal muss der Zettel gefaltet sein, betont die Hebamme. Ein Kreuz steckt in jedem Beutel, und Rosa betet, wiegt die Kinder, tröstet sie, gibt ihnen Kuhmilch und Fleischbrühe und Zusatzkaffee und küsst sie.

Der Arzt kommt, horcht nun auch Rosa und das sterbende Kind Norbert mit seinem Stethoskop und ernster Miene ab, er spricht von einer Lungenkrankheit, gar Tuberkulose, redet von Gewebszerfall und Übertragung durch kleine Lebewesen, Bakterien, die man kürzlich nachgewiesen hätte und die von Mensch zu Mensch übertragen werden würden. Deswegen: Nie aus demselben Glas trinken, nicht schmusen, nicht anhusten, nicht liebkosen, regelmäßig lüften! Hüte dich vor der Spucke des anderen, eine Botschaft, die sich in die Generationen bis zu mir eingräbt.

Der Arzt redet mit dem Roda, empfiehlt dringend, sich zu enthalten. Der Roda denkt an die Jagdgründe. Wieder eine Prozession: Stephanie 1911–1914, Maria 1915–1919, Norbert 1917–1918, Rosa 1890–1918. Wilhelm 1912–1986. Noch einmal: Nie aus demselben Glas trinken, nicht schmusen, nicht anhusten, nicht liebkosen, Doktrinen, die ich in die Wiege gelegt bekomme und an die ich mich schon als Kleinkind halte und die jetzt in der Pandemie eine Neuauflage erhalten.

> ***Sterbelied***
> *Nun hast uns den Leib begraben, daran wir keinen Zweifel haben,*
> *er wird am jüngsten Tage auferstehn und unverweslich hervorgehn.*

Der Roda muss in den Krieg, die Wagnerei wird von einem nicht wehrtauglichen Gesellen geführt, die Nachricht vom Tod zweier Kinder erfährt er aus den Briefen an die Front in Italien. Bei Marias Tod ist er wieder daheim.

Rosa Benedicta, die mit Worten, aber nicht mit Gesundheit Gesegnete, die Frau des Rodavota, wird nun auch immer schwächer, sie hustet, bis die Lippen blau werden, oft ist der Polster blutig, in der Nacht schwitzt sie stark, sie verliert an Gewicht, zuletzt redet sie wirr. Eines Nachts erwacht sie und spürt den Tod ganz nahe, sie schreibt bei Kerzenlicht in ihrem alten schönen Kurrent in ihr Heft. Sie schwindet dahin und hat schließlich einen Blutsturz, Tuberkulose findet sich als Todesursache im Sterbebuch eingetragen, wie bei Norbert und später bei Maria. Maria wird auch schwächer, folgt der Mutter bald, stirbt 1919. Das Zimmer ist das Sterbe- und Kranken- und Aufbahrungszimmer. Es bleibt nach Rodavotas Aufbahrung 1964 für immer leer, wird nie mehr bewohnt. Selten schlafen Besucher darin. Es steht auch hundert Jahre später leer.

Der Brief

Monate vor Rosas Tod im Juli 1918 und noch vor Kriegsende nimmt der Rodavota seinen erstgeborenen Sohn Wilhelm, meinen Großvater, an die Hand. Die beiden gehen durchs Dorf, der kleine Wilhelm hat zu husten begonnen, der Roda will ihn nicht auch noch wie die anderen zwei Kinder verlieren, er zieht ihn ins Dorf hinunter, Wilhelm will bei der Mutter bleiben, er kommt aber zu einem Bauern, muss dort die Ziegen hüten, was ihm nicht recht gelingt. Er bekommt wenig zu essen und hat Heimweh, aber er ist weg von den todbringenden Keimen und Miasmen in der Atemluft und im Speichel der Mutter. Es ist eine schwere Zeit, meint Vati später, er kann die Ziegen nicht zusammenhalten, bleibt deswegen auch so klein, wächst nicht und hat zu wenig Schlaf. Er hat fürchterliches Heimweh, die Mutter, nur 500 Meter entfernt, sieht er nicht mehr.

Schließlich ist der Krieg vorbei. Der Rodavota hat den Krieg und seine Frau und drei seiner vier Kinder verloren. Er trauert, das Leben aber muss weitergehen. Er geht ins Dorf zum Bauern Zigeiner und holt den Sohn Wilhelm ab und geht dann weiter zum Bauern Spitzel und fragt, ob die Tochter Bertha bei ihm Haushälterin werden und auf den Wilhelm aufpassen könne. Bertha sagt ja, und kurz darauf wird geheiratet, und sie ist nun Wagnermeistersgattin und Stiefmutter.

Im Alter, schon dement, ist die Rodamuata zweimal plötzlich weg, nicht auffindbar, wird dann in der Küche beim Spitzel, ihrem ehemaligen Zuhause, angetroffen, sitzt wie selbstverständlich hinterm Küchentisch und wundert sich, dass sie da nicht bleiben kann und nun angeblich seit siebzig Jahren schon ein anderes Zuhause hat. Sie lacht ungläubig und schüttelt das weiße Haar.

Bei Umbauarbeiten Jahre später wird im Dachboden ein Schriftstück gefunden, mehrmals gefaltet. Ein Brief? Ich erkenne Rosas Handschrift, vergilbt, schön in altem Kurrent geschrieben, aber fast unleserlich. Ich entfalte den Brief andächtig, streiche ihn glatt, versuche ihn zu lesen. Ein Teil fehlt. Meine Gedanken und Fantasien weiten sich aus, ranken sich um die wenigen lesbaren Satzteile: Rosa steigt in einer ihrer letzten Nächte die Stiege hinauf, öffnet die Luke zum Dachboden, kriecht auf allen Vieren zum Mittelbalken, tastet ihn ab, im spitzen Winkel zwischen zwei Balken ist eine Kerbe, der neunmal gefaltete Brief an die Nachfahren wird dort versenkt. Diesen Brief richtet Rosa an alle Nachfahren, an alle, die in diesem Haus jemals leben und arbeiten werden. Ihre Kraft schwindet. Sie betet für die zukünftigen Generationen, wünscht den Verwandten in der Zukunft jene Kraft und Gesundheit, die sie im Begriff ist zu verlieren. Das Papier wird dreiundneunzig Jahre später gefunden. Lange bleibt das Papier unenträtselt und unlesbar und Nährboden für Familienfantasien. Meine Schwester Anita lernt Kurrent und der Inhalt ist ein ganz anderer:

Mit stiller Freude grüßt die Kinderschar
Euch heut an Eurem schönen Festesmorgen.
Und bringt Euch warmen Dank und Liebe dar.
Für alle Eure Mühen, Eure Sorgen.
Ja, fünfundzwanzig Jahre sind es heut,
dass Eure Hand gepflügt den Ehrengarten
den guten Samen fleißig ausgestreut
auf weichem Boden und auf manchen Garten.
Es ist Euch oft geworden bang und heiß
bei allen diesen schweren Lebensplagen.
Was bringen wir Kinder Euch mit zum Lohn?
Wer gibt uns ein Mittel zu schenken Euch?
Ach, nichts ist uns eigen. Das einzige nur:
Ein liebendes Herz, das schenken wir.
Und ein frommes Gebet, das gar lieblich schön,
die Wolken durchbricht zu des Himmelshöhn.
O Vater im Himmel, Du gütiger Gott!
O segne sie huldreichst an diesem Tag.
Schau gnädig hernieder auf unser Flehn.
Dass frei von Kummer und glücklich sie sei.
Erhalte die teuerste Lehrerin uns in Liebe und Treu.

Ein Gedicht, eine schwülstige Danksagung an eine Lehrerin anlässlich ihres fünfundzwanzigsten Unterrichtsjubiläums, ergibt die schwierige Übersetzung. Ich lege den Zettel enttäuscht in die Schachtel zurück. Keine Botschaft aus der Vergangenheit. Kein Brief der Ahnin an die Nachkommen. Wir finden noch weitere Gedichte dieser Art zu bestimmten Anlässen, Rosa ist eine Art Auftragsdichterin im Dorf.

Das Fenster

Ich hocke am Boden im Wohnzimmer in unserer Wohnung im ersten Stock des Rodahauses. Vor mir ein Legohaus auf einer grauen Legoplatte. Ich habe es gestern mit Willi gebaut, aber ich bin nicht zufrieden. Zwar hat mir Willi gestern seine alten Legosteine geschenkt, aber die waren in einer Schachtel am Balkon längere Zeit der Sonne ausgesetzt, und sind nun ausgebleicht und zum Teil verzogen. Die unbrauchbaren Steine werfen wir weg, doch einige verwenden wir, die stören nun die Harmonie des Baus, passen nicht exakt auf die anderen Steine. Spalten und die hellere Farbe ziehen meinen Blick immer wieder auf sich. Und unterm weißen Plattendach ist eine Steinreihe unvollständig, von außen nicht sichtbar. Ich stelle mir nun vor, ich käme in diese Garage und würde innen diese Lücke im Gemäuer wahrnehmen. Von diesem Makel kann ich mich gedanklich nicht lösen, decke das Gebäude wieder ab, versuche das Haus steinesparend umzubauen, die verzogenen Steine zu entfernen, die Lücke zu schließen, dafür ist ein komplexer Umbau notwendig. Ich bin beschäftigt und ins Spiel versunken.

Meine Mutter kommt zu mir ins Wohnzimmer. Sie gehe nur schnell ins Dorf einkaufen, wenn ich allein daheimbliebe, würde sie mir ein Spielzeugauto vom Lebensmittelgeschäft Hipp mitbringen. Ich bin unsicher, wie ich reagieren soll, bin einerseits mit dem dringend notwendigen Umbau beschäftigt und andererseits irritiert über die Aussicht, auch nur für wenige Minuten von meiner Mutter getrennt zu sein. Ich solle nur brav weiterspielen. Mein Herz klopft schnell und laut, ich zögere, lasse mir aber meine Angst und den Zweifel nicht anmerken, ein unangenehmer, metallischer Geschmack entsteht in meinem Mund.

Zu oft verlieren in diesem Haus, in diesem Stockwerk, im Sterbezimmer Kinder ihre Mutter, Mütter ihre Kinder. Verluste in allen Ritzen des Hauses, Spalten in den Wänden, Löcher im Fachwerkbau meiner Seele. Ich stehe auf, setze mich wieder hin, höre meine Mutter in der Küche die Milchflaschen klirrend in den Korb stellen. Sie macht sich für den

Einkauf fertig. Ich werde hierbleiben und warten und weiterspielen. Sie schließt die Tür, ich versuche, mich auf das Lego zu konzentrieren, auf den dringend notwendigen Umbau mit weniger Steinen, den Lückenschluss. Es gelingt nicht, ich bin angespannt, ängstlich, unruhig, stehe auf, gehe in die Küche, ins Schlafzimmer, setze mich wieder zur Legogarage, decke das Bauwerk wieder ab, schiebe das Auto in die Garage, schaue mir die immer noch bestehende Lücke in der Legomauer an. Ich öffne die Wohnungstür, es ist still, die Maschinen in der Werkstatt laufen nicht, die Fenster sind geschlossen, ich schaue hinunter, Opapa ist nicht im Freien, ich höre ihn nicht, klettere auf einen Stuhl und schaue durch die Scheiben hinaus, nein, er ist nicht da.

Ich gehe wieder in das Schafzimmer, in die Küche, öffne die Tür zur Speisekammer, zum Vorhaus, zum Sterbezimmer und gehe wieder ins Wohnzimmer. Für den Umbau habe ich nun keinen Sinn mehr, ich bemerke mein starkes Herzklopfen, meinen heißen Kopf, fange an, leise zu jammern, nehme erschrocken meine eigene Stimme, mein Wispern wahr, gehe wieder zum Fenster, schaue auf das Dach der Mühle, die Schindeln in mehreren Lagen sind grau und verbogen, Bohnenstangen im Garten vom Salzanderle, rechts der große Misthaufen, daneben die mit Fenstern abgedeckten Hochbeete.

Ich stelle mir den Weg meiner Mutter vor, zum Bäcker, weiter zum Hipp, zur Molkerei und retour, das dauert ewig, die Uhr über der Bettbank in der Küche ist mir noch fremd, der Zeiger verändert aber seine Position, rückt vor, langsam oder schnell? Die Zeit vergeht.

Nach einer halben Ewigkeit höre ich unten die Tür. Schnell hocke ich mich vor das Legohaus, baue um, entferne beflissen und scheinbar versunken Steine, meine Mutter kommt rein und freut sich, dass ich, das Muttersöhnchen, so unkompliziert durchgehalten, ihr Weggehen gar nicht bemerkt habe. Sie verstaut die Einkäufe, ruft mich in die Küche und überreicht mir das versprochene Matchboxauto, es ist eine Schachtel, deren Laschen zu öffnen ich schon imstande bin. Darin finde ich einen Lastwagen, dottergelbe Karosserie, grauer, käfigartiger Aufsatz auf der Ladefläche, drinnen zwei weiße Kühe.

Ich begutachte das Fahrzeug, hole die Kühe heraus, stecke sie wieder hinter die Planken, das Auto wieder in den Karton, hole es wieder raus. Meine Mutter hat das Küchenfenster geöffnet, ich werfe das Auto mit den weißen Kühen beim Fenster hinunter. Meine Mutter ist verblüfft, sie weiß nicht wie reagieren, schimpft, fragt mich mit geweiteten Augen, was das soll, geht hinunter und holt Auto und Kühe wieder herauf. Ich bin missmutig, stecke das Auto wieder in die Schachtel und hole es wieder hervor, wieder werfe ich Auto und Tiere aus dem Fenster und die Schachtel hinterher. Meine Mutter schimpft wieder, schreit mich an, nennt mich Lois, noch einmal gehe sie das Auto nicht holen, dann bleibe es unten liegen, ich sei undankbar und gemein. Sie stapft die steile Stiege hinunter und gleich darauf wieder hinauf. Sie stellt das Auto mit den Kühen auf den Tisch, warnt mich vor einem neuerlichen Wurf. Unten steht nun Opapa und ruft zu mir herauf, was denn los sei und ob ich nicht zu ihm in die Werkstatt kommen wolle. Ich gehe mit Auto und Kühen und Karton zu ihm herunter, er bewundert das Gefährt, liest die Inschrift auf der Bodenplatte und äußert sich erstaunt, welch schönes Spielzeug es doch heutzutage gebe.

Der Sturmwind

So oft ich kann, bin ich nach dem Umzug im alten Rodahaus. Ich darf mit dem Tretroller zu Opapa fahren, immer am Gehsteig entlang, keine Umwege, mehrmals nach links und rechts schauen. Ich fahre schnell, beim Pulverer ist die gefährlichste Stelle, da gilt es besonders aufzupassen und schnell die Straße zu überqueren. Ich denke an Lilli, die Tochter vom Sepp. Dann bin ich beim Haus. Zuerst zu Opapa und Omama. Mal sitzt eine Katze vor der Tür und will hinein, mal ist eine drinnen und will heraus. Das Peterle, die Murli, der Tiger und wie sie im Lauf der Jahre alle heißen. Die Lebenszeit ist kurz, die Bundesstraße sehr befahren. Die Katzen haben weniger Glück als Sepps Tochter.

Ich gehe zu Willi, mit dem kann ich wilde Sachen machen. Wir graben Tunnel ins Heu im Stall vom Salzanderle, wir kriechen durch das Labyrinth. Er setzt mich in den mit Schaumgummi gepolsterten Handwagen, ins Wagele, und schiebt mich in vollem Tempo zur Bachböschung hinauf, er läuft schnell, das Wagele springt über eine Kante bei der Stadelbrücke, er bremst in vollem Lauf ab und lässt mich, weil er die Kontrolle über das Gefährt und den Kontakt zum Griff verliert, gegen den Zaun prallen. Ein Teppich, zum Lüften über den Zaun gebreitet, bremst die Wucht des Aufpralls. Abenteuer, Überlebenstraining, Spaß. Wir schießen Pfeil und Bogen, werfen Messer auf die Mühlentür, auf die wir einen Menschen gezeichnet haben. Ab und zu ist die Mühle offen, ein großer Holztrichter für das Getreide ist erhalten, auch die Mühlsteine sind noch da und weiße, staubende Leinensäcke.

Willi überschüttet seinen Unterarm mit einem selbstgefertigten Gemisch und zündet es an, die Substanz brennt lichterloh ohne die Haut zu verbrennen, nur die Härchen sind versengt. Wir fahren, ich vorne auf der Stange des alten Waffenrades, mit voller Geschwindigkeit in den Maisacker, die scharfen Blattränder ritzen unsere Haut, wir gehen zur Fuchswand und verkleiden uns mit Umhängen und Kapuzen mit Augenschlitzen, braten einen Fisch, spielen Verstecken in den Höhlen, ritzen

Zeichen und Initialen in die Bäume und gehen in den Schmiedobstgarten und schaukeln bis knapp zum Erbrechen.

Ich finde Willi in der Küche im zweiten Stock. Mutti hat Gemüsesuppe für uns beide gekocht. Ein Zettel liegt auf dem Küchentisch, die Suppe sei auf der zweiten Platte auf Stufe 5 langsam zu wärmen. Umrühren. Teller und Löffel und Brotscheiben liegen schon auf dem Tisch. Die Küche ist ein gemütlicher Raum, auch hier links hinter der Tür eine Kredenz mit dem schönen Geschirr und Besteck, Schnaps- und Weingläser mit Inschriften, oben riesige Stöße von noch zu lesenden Zeitungen, daneben Muttis Frisiertisch, eine umfunktionierte Nähmaschine. Oben ein Spiegel, in dem Mutti sich betrachtet, wenn sie ihre langen Haare frisiert, dann wieder zu einem Turban hochsteckt und zuletzt diese Turmfrisur mit dem Haarfestiger Taft stabilisiert.

Dann die Balkontür. Vom Balkon geht ein Drahtseil, befestigt an einer Kurbel, in die Tiefe, so erspart man sich Lastenschleppen bei den anstrengenden und steilen Ab- und Aufstiegen. Alles, was in den weißen Eimer passt, kann hochgekurbelt und runtergelassen werden. Am Balkon Wäscheleinen. In der Küche eine Eckbank, zwei Sessel, hier wird gegessen, hier singt die Muata: „Es treibt unser Panzer im Sturmwind dahin." In einer Nische das alte Radio, umrahmt von vielen irgendwann zu lesenden Zeitungsausschnitten, dann das Abwaschbecken, der Herd, darüber ein Holzgestell mit mehreren aufklappbaren Stäben zum Aufhängen feuchter Tücher. Das sei gut für die Lunge. Ein Bild mit einer Jagdszene über der Tür zum kleinen Wohnzimmer, ein grüner Jäger segnet einen im Gras liegenden Hirschen.

Der Hoover

Willi hat den Herd angemacht, die Suppe wird heiß, er rührt um, ich freue mich auf das gemeinsame Essen. Er nimmt den schweren Topf vom Herd, trägt ihn zum Tisch, stolpert über den roten Teppich mit den emporstehenden Rändern, der Suppentopf knallt auf den Boden. Wir schauen uns erschrocken an. Willi läuft in den Vorraum. Mit Muttis Staubsauger, einem beige-grünen Hoover, kommt er zurück. Alles gleich erledigt, kein Problem, meint Willi, er startet den Sauger. Anfänglich scheint er recht zu haben, der Sauger tut seinen Dienst, dann scheint er verstopft, heult auf. Willi nimmt den Aufsatz mit dem Auffangbeutel ab und saugt weiter. Die Suppe spritzt nun hinten beim offenen Rohr hinaus, der Sauger verteilt Karotten und Erbsen und Wurst und Bohnen im ganzen Raum, der grüne Anstrich mit Blumen an den Wänden mildert die Katastrophe etwas, die weißgetünchte Decke nicht.

Wir sitzen schweigend in der Küche, dann unten die Tür: Mutti kommt von der Arbeit im Postamt heim. Sie kommt herauf und betritt die Küche. Ich kann mich an ihre vor das Gesicht geschlagenen Hände, die weit aufgerissenen Augen und ihre schrillen Laute noch recht genau erinnern, sie singt Sopran im Kirchenchor. Mit Plastikplanen werden die von der Wand abgerückten Möbel abgedeckt und die Küche wird von Vati neu ausgewalzt, wieder Blümchendekor. Bis ins kleine Wohnzimmer schaffen es die Suppenspritzer, dort steht ein zweiter Fernseher, eine Couch, ein dunkler Holzschrank, ein alter Fauteuil. Das ist das Zimmer meiner Mutter, bis sie mit meinem Vater in die neu angebaute Wohnung einen Stock tiefer zieht. Es ist alles voll Suppe, die Wände, die Decke, die Möbel, ein ordentlicher Suppenschaden.

An jene Küche im zweiten Stock habe ich viele weitere Erinnerungen. Mutti, meine Großmutter Ida, sitzt in der Küche, über dem Herd trocknen die Geschirrtücher, gut für die Lungen, rechts davon ein Regal mit Schubladen mit emaillierten Aufschriften: Mehl, Salz, Kaffee, Malzkaffee, Zucker, Brösel. Darunter das Waschbecken, es gibt nur Kaltwasser im zweiten Stock, zum Abwaschen wird Wasser auf dem Herd erwärmt. Auf dem Tisch steht eine große Schüssel mit Salatblättern und trockenem Brot für die Hasen. Bei jedem Besuch habe ich mir angewöhnt, Dinge, die auf der Stiege stehen, mit hinaufzunehmen, andere hinunterzutragen oder mit dem Kübel herabzulassen. Ich bringe die Schüssel zum alten Stall. Früher sind hier die Schweine untergebracht, nun die Hasen. Bis zu sechs Hasen werden in kleinsten Verschlägen gemästet. Selten und nur nach sorgfältiger Absperrung dürfen sie zwischen der Betonwand herumhoppeln und hier den besonders saftigen Klee fressen. Die Betonmauer grenzt den Misthaufen des Nachbarn Salzanderle gegen unser Grundstück und das Nebengebäude ab, in dem sich nun die Waschküche und die Garage und im ersten Stock eine Halbstockwohnung für Mitarbeiter des Postamtes befindet. Oft helfe ich Mutti, die Hasen zu versorgen – einfangen, raustragen, einfangen, reintragen und die Nägel schneiden. Es gibt nur eine Zange für Muttis Nägel und die Hasennägel. Zum Muttertag kaufe ich ihr eine eigene. Zweimal nimmt Mutti Tiere in die Wohnung und zieht sie dort auf, sie macht ein Ferkel stubenrein, trainiert es, über Katzenstreu in einem Kistchen seine Notdurft zu verrichten. Als es zu groß wird, wird es wieder im Stall untergebracht.

Auch Hasen zieht Mutti in der Wohnung auf. An den letzten Haushasen erinnere ich mich, er heißt Menschele, ist sehr groß und dick. Mutti trägt zu dieser Zeit klobige Holzzockel, Menscheles Vorderpfoten geraten darunter und stehen nun krumm und seitwärts wie Flossen weg. Als der Hase dann einmal mit dem Kopf in die Tür gerät und benommen liegen bleibt, reicht es Vati, der Hase verschwindet. Zwei Tage essen Mutti, Vati und Willi stumm Hasenbraten. Ich überlege bereits damals, Vegetarier zu werden. Mutti ist erbost, dass Vati Menschele ausgerechnet an ihrem Geburtstag schlachtet.

Ich sehe Mutti vor mir, wie sie das Menschele aufnimmt und an ihren großen Busen drückt, dem Hasen quellen die Augen hervor, er strampelt ängstlich und verzweifelt mit den Pfoten, die Luft bleibt ihm weg. Ich erinnere mich an dieses Gedrücktwerden, als ich noch klein bin, an diese heftigen Liebeswallungen meiner Großmutter, die ich mir gefallen lasse, weil es kein Entrinnen gibt.

In derselben Küche sitzen Vati und Mutti beim Abendessen. Willi, er wohnt jetzt in unserer ehemaligen Wohnung, kommt auch herauf, dann kommt noch Willis Freund, der Sohn des Nachbarn Pulverer. Vati stellt eine Flasche Magenbitter auf den Tisch, daneben zwei kleine Gläser. Ich bin zwölf und trinke mit. Das Gespräch nimmt Fahrt auf, wird immer lauter und lustiger, es geht um alte Geschichten aus dem Dorf, ich trinke schnell und viel, bald ist die Flasche leer, stellt Vati überrascht fest. Ich fahre nach dem Gelage mit dem Fahrrad in Schlangenlinien durch das Dorf zu unserem Haus. Es ist Sommer, meine Füße sind schmutzig, ich sitze am Badewannenrand, die Füße stecken im Kübel mit sehr heißem Wasser und Badesalz, der Wasserdampf hüllt mich ein. Ich werde müde, alles beginnt sich zu drehen. Meine Eltern sitzen mit Sommergästen auf der Terrasse und lachen und reden. Ich lege mich, weil ich es nicht bis in mein Zimmer schaffe, ins Schlafzimmer der Eltern. Ich würge, und Papa kommt, und ich würge und drücke, und Papa hat alle Hände voll zu tun, das Elend in Schranken zu halten. Irgendwann bin ich leer, schlafe ein und durch und erwache mit dem, was alle Kater nennen. Ich fühle mich elend.

Am Nachmittag kommt Willi zu uns, er schleicht sich ums Haus, wir spielen langsam und vorsichtig Tischtennis. Mein Vater kommt raus und stellt Willi zur Rede. Der Nachbar Bergmann hört aufmerksam zu, lacht und meint, dass ein Magenbitterrausch fürchterlich sei.

In Bergmanns kleinem Fischteich im Garten ertrinkt einige Jahre später unser schwarzweißer Kater Felix, durstig und nierenkrank. Meine Mutter trägt den Kater mehrmals ums Haus, weint bitterlich und begräbt ihn im Garten neben dem Tischtennistisch.

Der Alfred

Mutti liegt in dem kleinen Wohnzimmer neben der Küche, die alte Couch wird gegen ein Krankenbett mit elektrisch verstellbarer Rückenlehne ausgetauscht, auch das Fußteil kann man verstellen, meine Großmutter kann die Fernsteuerung schon recht sicher bedienen. Sie weiß von einem Tumor im Bauchraum, das Wort Krebs wird im Krankenhaus vermieden, der drücke auf den Gang für den Verdauungssaft aus der Bauchspeicheldrüse. Deswegen habe sie Schmerzen und keinen Appetit und gelbe Augen.

Oft liegt sie recht zufrieden im Bett und liest Zeitung, hat sich sogar schon an die Hauskrankenhilfe gewöhnt, einige Frauen sind nett und freundlich, einige distanziert und schnell wieder weg. Einige fordern später verärgert eine höhere Morphindosis, was dem alten Hausarzt, der sich über die Stiegen in den zweiten Stock plagt, nicht behagt. Mutti bekommt die Auseinandersetzung in der Küche mit, meine Mutter ist viel bei ihr und Willi, mitunter auch ich.

Unter dem Fernseher befinde sich eine Lade, darin eine Schachtel. Diese solle ich öffnen, fordert mich Mutti anlässlich eines Besuches auf. Darin seien Briefe. Ich solle was rausnehmen und vorlesen, bittet sie mich und schließt die Augen. Tatsächlich ist dort eine Schachtel, ich öffne sie, Briefe, Postkarten, ein paar Fotos. Postkarten und Briefe aus Italien und Deutschland, später aus Kanada.

Muttis Vater heißt Alfred Mössler. Er wird im März 1900 geboren und wächst in einem kleinen Dorf als lediger Sohn seiner Mutter Maria auf. Sein Vater Johann legitimiert ihn zwar, heiratet später aber eine Judith Zeiner und arbeitet als Verwalter in der Stiftung der Gräfin de la Tour in Treffen. Alfred, mein Urgroßvater, lernt als Wanderarbeiter im Jahr 1919 die gleichaltrige Katharina Gruber, Kathi, meine Omama, auf dem Bauernhof ihrer Mutter Mathilde kennen. Kathi bringt Ida auf die Welt und hofft über Jahre auf Ehe und Familienleben. Alfred bekennt sich zwar zu seiner Tochter, besucht sie mitunter, macht der Mutter seiner Tochter wohl auch immer wieder Hoffnungen, ein Paar aber wird aus den beiden aber nicht. Omama ist nach dem frühen Tod ihrer Mutter Verwalterin des Bauernhofs, bis der älteste Stiefsohn ihrer Mutter alt genug ist, ihn zu führen.

Alfred reist gerne, er kommt bis in die Türkei, er fotografiert und lernt Sprachen, korrespondiert in Esperanto, er versucht in Briefen, Kathi für die italienische Sprache zu begeistern. Es gibt Briefe aus Italien und aus Bayern. Anfänglich kündigt er Besuche an und verspricht dann eine gemeinsame Zukunft, wenn er reifer und zur Sesshaftigkeit bereit sei. Zur großen Enttäuschung, ja Bestürzung der Mutter seiner Tochter beschließt er im Jahr 1927, über Deutschland nach Kanada auszuwandern. Er schreibt:

> *Ich dachte mir schon im Voraus, dass Du etwas erstaunt sein wirst über diese Wandlung, doch es wäre unvernünftig, etwas aufschieben oder ändern zu wollen, das nicht nur mir, sondern auch Euch Glück und Vorteil bringen kann. Der Zweck der Reise ist ja nur um Gelegenheit zu haben, seine Zukunft zu suchen, denn hier bei mir gibt es keine Aussicht, mit ehrlicher Arbeit Erfolg zu haben. Du sollst nicht traurig sein, denn dazu liegt für Dich kein Grund vor. Denn ich würde auch in Deutschland oder Österreich nicht bleiben, wäre nicht das mit Amerika aufgekommen, ich würde schon längst in Spanien oder Afrika und von dort nach Südamerika übersiedelt sein. Denn ich bin überall daheim. Doch wenn es Dir und den anderen angenehm wäre, so würde ich ein paar Tage heimfahren zu Euch. Doch Du musst mir versprechen, fröhlich und fidel zu sein, denn Trauer und Kummer verbraucht uns nur und nützt ansonsten nichts.*

Meine Urgroßmutter ist bitter enttäuscht, will ihn in den wenigen gemeinsamen Tagen zum Bleiben überreden, doch Alfred setzt seinen Weg fort. Er bittet schon in Kanada die ehemalige Vermieterin, seiner noch immer auf die Rückkehr hoffenden Geliebten und Mutter seiner Tochter einen Brief zu schreiben.

Kempten, 1927

Liebes Fräulein Katharina Gruber!

Erlaube mir, an Sie ein kleines Brieflein zu schreiben. Wollte schon längst schreiben, aber kam nie dazu. Dass Fredl bei uns logiert hat, wissen Sie bereits. Diese Woche bekamen wir von ihm einen Brief, er schreibt, Sie haben mir einen Brief geschrieben, warum ich Ihnen nicht antworte. Hab aber bis heute noch keinen bekommen. Vielleicht hatten Sie die Adresse nicht richtig? Nun, wie geht es Ihnen? Und Ihrer Frau Mutter? Ist sie wieder gesund? Fredl geht es ja sonst gut, wie er schreibt, aber Heimweh hatte er doch. Ist schade, daß er so weit fort ist. Aber dennoch vergisst er Sie und sein liebes Kind nicht. Er denkt heute anders wie früher. Sieht nun ein, daß ein Familienleben, das gut zusammen harmoniert, doch viel schöner ist als das beständige Alleinsein. Und Liebe zu Ihnen und dem Kinde hat er, wie er uns oft versicherte. Bloß will er noch nicht so früh heiraten und sich keinen Zwang auftun zur heutigen Zeit. Deshalb reiste er noch fort, um sich und Euch beiden in einigen Jahren eine gute Zukunft zu verschaffen. Seien Sie also guten Mutes, denn Alfred bleibt Ihnen sicher treu. Vielleicht lässt er's Ihnen gegenüber nicht so ankennen, das lässt sein Männerstolz nicht zu. Wir kennen ihn ja so ziemlich gut. Er ist ein aufrichtiger, braver und sparsamer Mann und wir haben ihn sehr lieb gewonnen. Mein Mann ist gewiss ein Sonderling, aber am Fredl hat er seinen besten Freund gefunden. Man konnte eine offene und nette Unterhaltung mit ihm anknüpfen, wie man es sonst unter jungen Männern nicht leicht findet. Er hätte schon so oft Anhang bekommen, wenn er wollte. Er schwärmte aber immer nur fur Sie. Aber trotzdem hielt er sich fern, bis ich ihn mit lauter Zureden bewogen habe dazu, was er nicht bereut hat. Mir taten Sie wirklich leid mit Ihrem Mädel. Weil Fredl sonst nie ein unschönes Wort über Sie hat fallen lassen. Ich kenne sie ja nicht, aber wer ein gutes Herz hat, fühlt mit anderen. Will für heute schließen und verbleibe unter den herzlichsten Grüßen als Unbekannte Ihre ergebene

Fr. Zenzi Weixler, Kempten, Allgäu

Ich lese Mutti einen weiteren Brief Alfreds an ihre Mutter vor. Er steht kurz vor der Überfahrt nach Kanada.

Bremen, 9. März 1927

Liebes Kätchen!

Nun finde ich doch endlich Zeit, dir meine Reise zu beschreiben. Von dir heim, ordnete ich alle meine Sachen, ich konnte noch einen Tag länger bleiben, da der fünfte am Samstag war. Der Abschied von Zenzerl war etwas schwer, von allen anderen ebenso, doch konnten mich alle nicht so rühren, als der von Euch zwei. Ich vermisse Dich nun fast immer mit Deiner Ida, das alte Sprichwort „Alte Liebe rostet nicht" hat sich bei uns scheint es bewahrheitet. Zenzerl hat von mir Deine Adresse bekommen, sie wird Dir schon geschrieben haben, sie ist dir eine gute Freundin geworden. Dann Samstagmittag in München angekommen. Eiligst mit Tram zum Lloyd Büro, Billett nach Bremen gelöst und wieder zum Zug. Hier fanden wir schon alle möglichen Deutschen und sogenannten Deutschen vor, solche von Südsteiermark, vom Banat, von Belgrad, dann Polen, Tschechen, Kroaten usw. Alles will nach Kanada. Nachmittags mit dem Gesellschaftszug ab nach Bremen. Es gab traurige Abschiede zu sehen, Eltern schieden von ihren besten Söhnen, denn die mindesten sind es nicht, die hinausziehen, darüber ist sich jeder klar. Väter, Mütter, Weib und Kind und gar mancher weint noch ein gut Teil auf seiner Fahrt. Am Sonntagmorgen in Bremen angekommen. Wir wurden schon von Lloyd-Mannen abgeholt. Wir Reichsdeutschen wurden von den anderen geschieden und fort ging' s mit Tram und Auto zum Lloyd Hotel „Washington", erhielten je sieben Mann ein Zimmer, wir sind meistens Allgäuer, eine zünftige Gesellschaft, keiner ist mehr traurig und jeder sieht nur noch die etwas graue Zukunft.

Es sind hier tausende von Amerikareisenden, viele nach den United St., andere nach Kanada, alle müssen sich ärztlich untersuchen lassen, halbe Tage musste man anstehen, ohne etwas weitergekommen zu sein, dann das Visum, hier wäre es mir bald schlecht als gut gegangen, weil wegen einem kleinen Formfehler sollte ich hierbleiben müssen, aber der kanadische Konsul sagte kein Wort. Jeder musste seine Hände zeigen, ob sie genügend schwielig sind, und man darf auch keine Verwandte oder Bekannten in den USA haben, sonst wird das Visum verweigert wegen Auswanderungsgefahr nach dorthin. So haben viele hier Alles aufs Spiel gesetzt. Alles dafür verkauft, Fahrt bezahlt, die schon ein Vermögen kostet, und nun stehen sie hier, ohne weiter zu können.

Ich muss unbedingt nach Winnipeg. Es liegt weit im Westen, von dort aus werden wir verteilt zu verschiedenen Farmen. Vielleicht kann ich entwischen und mir in der Stadt etwas suchen. Heute ist der vorletzte Tag, habe die letzte Untersuchung, erhalten unsere Schiffskarten und Pässe und morgen geht's ab nach Bremerhafen. Werde Dir von Halifax aus sofort wieder schreiben. Die Überfahrt wird 11–12 Tage brauchen.

Nun bitte ich dich nicht traurig zu sein, auch ich bin es nicht, im Fall es mir drüben gut geht, geht es uns beiden gut.

Grüße mir alle noch einmal recht herzlich. Mutter, Lipp, Hansl und Berta.

Dich aber bitte ich zu halten, was du versprochen. Ida soll dein Lebenszweck sein, in dieser Hoffnung grüßt und küsst Euch beide noch tausendmal

Euer Alfred

Er schreibt auch Postkarten an seine kleine Tochter Ida, sendet Grüße, beschreibt in den Briefen seine neue Heimat. Alfred arbeitet zuletzt in einer Versicherungsagentur, übernimmt diese und heiratet schließlich Käthy, nicht meine Urgroßmutter Kathi, er hat eine weitere Tochter, Elisabeth. Käthy schreibt zuletzt nur mehr an ihre Stieftochter Ida und schickt Pakete. Langsam bricht der Kontakt ab. Einer der letzten Briefe stammt aus dem Jahr 1962. Der ist mit Maschine geschrieben. Die Frau meines Urgroßvaters teilt seiner Tochter, meiner Großmutter, dessen Tod mit. Ab 1958 geht es ihm nicht mehr gut, er hat Magenschmerzen, die Diagnose lautet auf Magenkrebs. Zweimal versucht er sich nach den Operationen in Florida zu erholen, entgegen der Prognose der Ärzte lebt er noch zwei Jahre, zuletzt hat er schreckliche Schmerzen, das Morphium hilft nicht mehr. Seine Frau ist am Ende ihrer Kräfte, weil sie neben der Pflege weiter die Versicherungsgesellschaft leitet. Die letzten Tage sind schlimm, Alfred liegt schreiend und wimmernd am Boden, die Ärzte können nicht mehr helfen, schließlich verstirbt er zu Weihnachten 1961. Seine Tochter Elisabeth sei sehr tapfer, sie werde unterstützt von ihrem Verlobten, bald wollen die beiden heiraten. Vielleicht übernehmen die beiden die Agentur, hofft Käthy.

Mutti erzählt vom letzten Besuch des Vaters auf dem Bauernhof. Sie begleitet ihn mit der Mutter bis zum Dampfer in Millstatt, er fährt mit dem Schiff bis nach Seebach, von Spittal weiter mit dem Zug nach Deutschland. Die Achtjährige winkt ihm nach, bis sie ihn nicht mehr sieht.

Sie seufzt, ich sehe Tränen, ich lese ihr Briefe des Vaters vor, auch einen von ihrer Halbschwester. Ich betrachte ein Foto der Verwandten, Alfred mit Frau und Tochter in Kanada, mehrere Fotos von meinem Urgroßvater, der 1961 verstirbt.

Bengough,
an meinem Geburtstag, 31.3.1927

Liebes Kätchen!
Nun endlich im Wilden Westen angelangt. Es ist tatsächlich weit im Westen und wild sieht es auch aus, weniger auf den unübersehbaren Ebenen als in dem Dorf oder „town", wie sie es nennen. Vor fünfzehn Jahren war noch kein Mensch hier und jetzt führt schon eine Bahn her. Es gibt Getreide-elevatores und einen Laden, in dem man alles kaufen kann. Jetzt warte ich gerade darauf, dass mein Farmer, zu dem ich geschickt werde, wahrscheinlich mit Auto oder Pferden oder gar mit einem Traktor kommt, um mich abzuholen. Er heißt Louis Fey. Seine Farm ist 10 englische Meilen von hier entfernt. Der Konduktor meinte, ich sollte mal zu Fuß hingehen,

damit er weiß, dass ich da bin. Denn er hat kein Telefon oder Postverbindung. Doch ich weigerte mich, ich fühle mich schon zu viel Amerikaner und mag nicht mehr zu Fuß gehen. Nun zurück nach Hamburg. Reisten nach vielem und langem Warten am 10.3. ab, nachmittags um vier Uhr. Wie du auf der Postkarte siehst, ist die „Seydlitz" ein alter Kasten, mit dem wir fuhren. Alles war III. Klasse, so hatten wir genügend Platz am Deck, leider konnten wir fast nie an Deck sein, denn es war alles nass von den Wellen, die uns hie und da begießen. Am 21. vormittags erreichten wir Halifax. Alle bekamen wir Angst von diesem grausamen Anblick, eine graue, dreckige Stadt. Alles voll Schnee und Eis, dabei liegt sie so südlich wie Triest ungefähr. Nachdem alles inspiziert war (Doktor, Polizei) kamen wir um 6 Uhr an Land, das heißt in einer großen Halle, wo wir uns alle hinsetzen mussten, um nach und nach zur letzten Untersuchung zu gelangen. Alles ging sehr hastig und überstürzt, die Organisation ist ausgezeichnet. Jeder bekam ein Paket für 2 Dollar, um drei Tage zu haben Fleischkonserven, Bohnenkonserven und wieder Fleischkonserven. Ich nahm keine und brauchte es nicht. Die meisten warfen es doch weg und kauften sich anderes. Dann noch Gepäckabfertigung und sofort in den Zug, wo wir dann noch zwei bis drei Stunden warten mussten. Eisenbahnfahren ist hier eigentlich ein Vergnügen im Verhältnis zu Deutschland. Die Sitze sind alle gepolstert und derart verschiebbar, dass man darauf schlafen kann, fast wie auf einem Bett: Es gibt Kochgelegenheiten, eine Wascheinrichtung und immer frisches Wasser. Die Fahrt selbst war auch sehr interessant durch Wälder und Prärie und Städte und Hüttendörfer bei viel Schneesturm und wenig Sonnenschein. Hier ist noch tiefer Winter, nicht viel Schnee, denn zum Schneien ist es zu kalt, doch ein frostiger Wind oder Sturm. Auch Indianer und Wölfe gibt es hier noch. Erstere sind von der Regierung geschützt, haben ihre eigenen Könige sozusagen und bekommen für jedes Kind eine Prämie. Trotz allem werden sie immer weniger und drohen auszusterben.

Am 25.3. nun sehr früh in Winnipeg. Schöner, großer Bahnhof, doch der erste Blick in die Stadt ist scheußlich, ein Dreck fast wie in Bengough, doch breite Straßen mit allem, feine Straßenbahn, Wolkenkratzer und eine Menge Autos. (Hier ist eine Ford Autofabrik.) Ein Deutscher, der eine Pension frisch aufgemacht hat, holte uns ab. Wir kamen sehr gut und billig unter, Zimmer und Pension für Woche 8 $. Ich schlief bloß dort und bezahlte pro Tag 50 C = 3,50 Schilling. Das bezahlt man auch in Österreich. Dazu ist Winnipeg eine Stadt mit 300.000 Einwohnern. Ich blieb vier Tage in Winnipeg, konnte aber keine Arbeit in der Stadt bekommen, trotzdem ich Englisch spreche. Die Deutschen sind hier noch etwas gehasst und gefürchtet. So musste ich Farmarbeit annehmen, wohl oder übel. Interessant ist hier ja alles, bis auf die Menschen selber. Frauen gibt es hier sehr wenig und die Vorhandenen sind gepudert und geschminkt, faul und geistlos. Also keine Angst, ich muss notgedrungen treu bleiben, auch wenn ich nicht wollte. In gewisser Beziehung ist man hier sehr ehrlich. Gestohlen wird gar nichts, doch nicht der guten Menschen wegen, sondern wegen der äußerst strengen Gesetze. Die Häuser werden nicht zugesperrt, ebenso wenig kommen Autos in eine Garage. Sie stehen immer vor den Haustüren, ob Winter oder Sommer, ob es regnet oder schneit, manche frieren ein, man macht sie aber nicht los, sondern wartet, bis die Sonne es aufwärmt, ebenso landwirtschaftliche Maschinen, wie man sie zuletzt brauchte, bleiben sie liegen und verrosten und verderben, neue kosten ja fast nichts.

Die weiteren Teile des Briefes fehlen. Hat Omama die letzten Zeilen entfernt? Gibt sie später nicht alle Briefe Alfreds oder seiner Frau Käthy an ihre Tochter weiter?

Alfreds Name steht an Stelle 171 auf der Passagierliste der Seydlitz. Abfahrt 10. März 1927. Zielhafen: Halifax/Kanada. Männlich, ledig, landwirtschaftlicher Hilfsarbeiter.

Omama verlässt schließlich den Hof, sie ist enttäuscht und gekränkt, schimpft ihr ganzes weiteres Leben über Alfred, trauert und erkennt schließlich, dass sie und ihre Tochter Alfred nie mehr wieder sehen werden, die erhoffte Rückkehr wohl für immer ausbleiben wird. Sie findet eine Arbeit in Radenthein und lernt dort den Pferdeknecht Ulrich Gratzl kennen. Im Jahr 1938 gibt es eine Doppelhochzeit am Standesamt, Omama und Opapa und ein befreundetes Paar.

Alfreds Vater Johann stirbt 1963 mit zweiundneunzig Jahren, sein Grab in Treffen wird über viele Jahre von seiner Enkelin Ida, meiner Großmutter, gepflegt. Einige Jahre vorher bietet er ihr, schon hoch betagt, einen großen Geldbetrag, wenn er bei ihr und Vati im Haus leben dürfe, beim Sohn aus zweiter Ehe fühle er sich nicht wohl. Einmal fahre ich mit Mutti zu Johanns Grab, ich bin zu diesem Zeitpunkt Zivildiener in der Treffner Stiftung.

Mutti weint, scheint zwischendurch einzuschlafen. Nach langer Pause und vielen Seufzern bittet sie mich, noch einen Brief vorzulesen. Nun weine ich auch.

10. Mai 1938
Insurances effected by this office with Lloyd's of London
through the Anglo-Canadian Unterwriters Limited
80. Richmond St. West Toronto

An mein kleines Töchterlein!
So, so, Du bist ein Hitlermädel geworden. Das freut mich sehr. Es wird Dich wohl interessieren, dass ich schon ein Hitlerist im Jahre 1922 war und sogar einmal bei ihm Posten gestanden bin, auf dem Podium. Damals war er schon unser Führer. Der Kampf war schwer und bitter und oft hoffnungslos. Das war in Kempten im Allgäu. Seppl, dein Onkel ist nicht weit davon jetzt. Es schrieb mir soeben. Man wollte mich damals in die Pedinaschule nach München stecken, doch waren meine Gedanken eines anderen Lasters. Ich wollte reisen, was ich dann auch tat, ich freue mich heute noch darüber. Mein damaliger Reisefreund Veith von Gollsmann (Ludwig Renf) besuchte mich vor einigen Monaten. Er ist General in der spanischen roten Armee. Ja, das Leben ist so abwechslungsreich. Es ist gut, wenn man sich über nichts zu viel begeistert, freut oder sonst. Die so selbst-

geschaffenen Gegensätze tun einem manchmal weh. Österreich ist deutsch. Es ist eigentlich komisch zu sehen, dass es Menschen geben kann, die versuchen und hoffen ein rein deutsches Volk undeutsch machen zu können. Auch bei uns gibt es viele Hitleranhänger.
Nun zu mir selber: Ich bin immer noch ledig und lebe alleinig. Mein Geschäft beansprucht meine ganze Zeit und deswegen kommt mir das Schreiben so schwer. Es ist jetzt morgens und ich kann die Maschine nicht gebrauchen, wegen dem Lärm. Es tut mir leid, Dir sagen zu müssen, dass Du keine Geschwister hast und keine Stiefmutter. Aber vielleicht bekommst du bald eine Schwiegermutter? Ich bin sicher, dass es in der Heimat jetzt besser wird. Trotzdem aber kann ich dieses Land nicht für immer verlassen, es ist mir eine liebe Heimat geworden und ich habe mich schon gut eingelebt. Noch einmal mein Land zu verlassen, würde unnötige Mühe sein. In meinem Alter muss man Fuß fassen, um ein Einkommen schaffen zu können. Ich kann nicht für jemanden anderen arbeiten, denn ich brauche viel Geld. Löhne füttern dich bloß, geben dir aber keine Zukunft. Sobald meine Lage aber gefestigt ist, komme ich auf Besuch. Auf das Wann kommt's noch drauf an.
Ich lege Dir gestickte Blumen bei, sie sind von einer treuen Freundin, die jetzt in Deutschland ist. Sie dachte oft an Dich. So halte es in Ehren.
Mehr nächstens!
Mit deutschem Gruß, Dein Vater Alfred

Die Kavernen

Der Um- und Ausbau beim Rodahaus ist 1950 fertig, Mutti und Vati können nun mit ihrer Tochter, meiner Mutter, in den zweiten Stock ziehen. Doch die Bauarbeiten sind anstrengend, und vom Krieg in Russland erholt sich Vati nie richtig, seelisch wie körperlich, er sieht und erlebt und tut Dinge, die er nicht gerne erzählt. Er ist still, spricht wenig. Wenn aber ehemalige Soldaten zusammensitzen – ab und zu kommen später Vatis Kriegsfreunde aus Niederösterreich und Norddeutschland auf Besuch – und wenn dann auch der Passler dabei ist und bereits mehrere Krüge Most aus dem Keller geholt worden sind, gibt es Erzählungen, die mich als Kind zutiefst beeindrucken: Die Schlacht um Stalingrad wird beschrieben und Narvik und die Toten, denen man die Stiefel auszieht, und die fürchterliche Kälte ohne entsprechende Kleidung. Die Männer wickelten sich Mullbinden ums Gesicht, stopfen sich Papier in die Uniformen. Davon gibt es Fotos. Brückenbau und Gleisbau sind die Aufgaben der Pioniere, später beim Rückzug Brückensprengung und Gleissprengung. Schussverletzungen. Ein Schuss geht ganz knapp am Hodensack vorbei, erzählt Vati immer wieder, etwas höher und es hätte Willi nicht gegeben, unvorstellbar für mich ein Leben ohne Willi. Und Stöger, Vatis Pionierkollege und Kriegsfreund, erzählt von seinem Anwesen, das an das Lager Mauthausen grenzt, und von dem Rauch aus den Schloten und den wenigen Häftlingen, die flüchten können, und dem betretenen Schweigen über das, was niemand fur möglich hält und doch alle wissen. Stille, Schweigen.

Vati kommt in russische Kriegsgefangenschaft, flieht, amerikanische Kriegsgefangenschaft, Entbehrung und Krankheit. Schließlich Heimkehr 1946. Der fünfjährigen Tochter, meine Mutter, wird ein fremder Mann als ihr Vater vorgestellt.

Im Lager in Deutschland hat Vati bereits eine Rippenfellentzündung, auch zu Hause erholt er sich davon nicht. Alte Keime, wohl auch noch solche aus der Kindheit, werden wieder aktiv, Hunger und Sorge und Kälte in den Kriegsjahren schwächen die Abwehrkräfte. Vati muss ins Krankenhaus, zuerst nach Villach. Lungenröntgen und Untersuchungen und schließlich Sputumproben bestätigen die Verdachtsdiagnose Tuberkulose. Vati wird in eine Lungenheilstätte verlegt. Nach Süden gerichtete Balkone, Bett an Bett, dicke, schwere, kratzige Decken. Liegekuren, Frischluft, Ruhe und gesunde Ernährung sind die einzigen zur Verfügung stehenden Mittel. Vati wird nicht gesund, hustet ständig, nimmt ab, verfällt. Er erinnert sich dunkel an das Siechtum seiner Mutter Rosa, erinnert sich an das kalte Zimmer beim Zigeiner, an tote Geschwister, an die besorgten Blicke des Roda.

Auch Mutti beobachtet sein Siechtum, seinen Verfall mit großer Sorge. Ein Bäckergeselle bietet ihr auf dem Sozius seines Motorrades Fahrten in die entlegene Lungenheilstätte an. Der Arzt will mit ihr reden. Er zeigt ihr Vatis Röntgenbilder, spricht von Gewebszerfall und Kavernen und Atemnot und Schwäche. Vati zeigt mir später Vernarbungen im Rückenbereich, da hätten sich die Kavernen, pfirsichgroß, bereits durch die Haut gewühlt und sich tuberkulöses Gewebe so seinen Weg ins Freie gebahnt.

Man legt, um noch irgendwas zu tun, einen Pneumothorax an, bringt Luft in den Pleuraspalt ein, füllt jeden zweiten Tag Luft nach, die Lunge kollabiert teilweise, so hofft man auf Heilung, eine Verschiebung der anderen Lunge und des Herzens könnte die Folge sein und noch mehr Atemnot und Todesangst. Vati hat Kanülen zwischen den Rippen, ist abgemagert und blass. Mutti ist verstört und besorgt. Der Arzt macht ihr im nächsten Gespräch wenig Hoffnung, redet vom Tod in einigen Wochen und dem großen Bedauern, dass es in Österreich noch keine Antibiotika gäbe. Kürzlich sei nämlich ein Medikament erfunden worden, das töte Krankheitserreger ab, auch die Tuberkelbazillen, es müsse ins Blut oder in den Muskel gespritzt werden, es sei aber in Österreich noch nicht erhältlich.

Haben Sie vielleicht Verwandte in Amerika oder Kanada, fragt der Arzt unsicher schmunzelnd. Mutti verneint, doch erst beim Hinausgehen fällt ihr der Vater Alfred ein. Sie stürzt zurück ins Sprechzimmer, lässt sich den Namen des Wundermittels gegen die Tuberkulose auf einen Zettel schreiben. Ein Brief geht ab, Eilbrief, Express, sie bittet ihren Vater Alfred um Hilfe. Willi erinnert sich an das Paket aus Kanada, das lange aufbewahrt wird, eine Holzkiste, in Stroh verpackte dünne Blechbüchsen, darin in Watte gelegte Ampullen mit einer klaren durchsichtigen Flüssigkeit: Streptomycin.

Mein Großvater wird gesund, die Kavernen verkleben, er erholt sich, nimmt zu, das Sputum enthält schließlich keine Keime mehr, nach Monaten kann er, der bereits die letzte Ölung bekommen hat, entlassen werden.

Nun arbeitet Vati wieder mit seinem Vater und seinem Bruder in der Wagnerei, der Betrieb wird schließlich eingestellt, einige Jahre noch im Bauhof in der Gemeinde, bis er in Pension gehen kann, sein handwerkliches Geschick ist aber weiterhin gefragt, Aufträge aus dem Dorf treffen ein. Der Lärm der Bandsäge und das Brummen der Motoren, das Hämmern und Schleifen, der Geruch von Holz und das Rauschen des großen Baches begleiten mich in den ersten Lebensjahren. Ich sehe Vatis Daumenballen behutsam über das Lärchenholz und die deutliche Maserung gleiten.

Vati nimmt schließlich sein letztes Projekt in Angriff, aus dem Wagenschuppen wird die Wohnung von Opapa und Omama, darüber entsteht die neue Wohnung für seine Tochter, deren Mann und die zwei Kinder, jetzt wird darüber noch ein weiterer großer Raum gebaut. Fachwerk, Bretterverkleidung, Tapeten, Holzboden, das zweite, das große Wohnzimmer entsteht. Als ich beim Dachdecken helfe und Teerpappe entrolle, dringt ein unerträglicher Geruch in meine Nase. Vati identifiziert den Gestank als Geruch verbrennender Käserindenstücke. Opapa ahnt nichts von den Arbeiten am Dach, aber stellt dann rasch das Verheizen der Küchenreste ein.

Das neue große Wohnzimmer wird zum Festsaal der Großfamilie, hier werden Weihnachtsfeste und Geburtstage gefeiert, hier höre ich noch des Passlers schallendes Gelächter, Muttis schrilles Lachen, Kärntnerlieder, Geburtstagslieder, Kriegslieder, sehe rote und erhitzte Gesichter, taucht Muatas verschmitztes Lächeln auf, hier riecht es nach Most und Kren und Mayonnaise und Opapas Pfeifentabak, klirren die Gläser, wird vom Krieg und der Tuberkulose und dem Hitler und den Medaillen und den Russen und den Italienern und dem Magnesitwerk geredet und von der Zeit der Illegalität und den an den Felswänden und auf den Bergen angezündeten Hakenkreuzen und dem Buch „Mein Kampf“ als Geschenk bei der Hochzeit und von der Fahrt zum Hitler nach Klagenfurt und dem Mühlbachl und der Arbeit und der Entbehrung.

Der Krieg hinterlässt Helden, Abenteuergeschichten und Kameradschaft, nicht aber Schuld oder Scham. Hier will man nichts von den Judenvertreibungen und den Konzentrationslagern und den Massenmorden und den Vertriebenen gewusst haben und will es auch nicht wissen. Ein Jude nur, Inhaber eines Lebensmittelgeschäftes in Radenthein, sei plötzlich weg gewesen. Sonst seien hier keine Juden gewesen, meint Mutti, und das, was man so gehört habe, hätte niemand geglaubt. Das, was wir den Russen angetan haben, werden sie uns nie verzeihen, meint Vati nachdenklich. Dann Schweigen. Stille.

Der Darmverschluss

Vati steht auf der ans Haus gelehnten Leiter, an einem Haken ein Kübel mit weißer Farbe, Sommer 1986, das Haus wird neu gestrichen. Am Nachmittag wollen wir alle zum Kirchtag gehen, der jetzt auf einer Wiese an der Glanzer Straße stattfindet. Vati streckt sich, letzte Winkel unterm Balkon will er mit dem Pinsel erreichen, plötzlich hält er inne, kommt kaum mehr von der Leiter herunter, stöhnt vor Schmerz, kann nicht gehen, wird bleich und würgt, die Rettung kommt, bringt ihn ins Krankenhaus.

Ich streiche die Hauswand fertig, wir fahren Stunden später ins Krankenhaus, Vati liegt auf der internen Abteilung. Die Blutbefunde sind fast normal trotz Bluterbrechen, eine Herzuntersuchung ist unauffällig, starke Bauchschmerzen, brettharte Bauchdecke, quälende Übelkeit, erst am zweiten Tag nach einer Röntgenuntersuchung wird er mit Verdacht auf Darmverschluss an die chirurgische Abteilung überstellt. Wir besuchen ihn dort wieder, Vati sieht erschöpft aus, bleich, weint, als wir uns verabschieden, Mutti beugt sich seufzend über ihn, ein Hauch eines unsicheren Kusses auf die Wange wird von Mutti angedeutet, ein Kuss eher für uns Zuseher. Zärtlichkeit gelingt ihr nicht.

Danach, so erzählt eine Krankenschwester, reißt sich mein Großvater die Magensonde raus, schreit vor Schmerz und um Hilfe, der Arzt kommt, eine Eröffnung des Bauchraumes erfolgt, Vati verstirbt unmittelbar nach der Operation. Wir wollen tags darauf den Arzt sprechen, nach einer Stunde Wartezeit schlurft mit müdem und verärgertem Gesichtsausdruck einer der Chirurgen zu uns ins Wartezimmer, stammelt etwas von Darmverschluss und abgestorbenen Darmschlingen und Blutvergiftung und Tod durch Herz- und Nierenversagen. Mit ausdruckslosem Gesicht wünscht er Beileid und schlurft wieder hinaus, er müsse wieder in den Operationssaal.

Die Krankengeschichte liegt vor mir, die Befunde, die handschriftlichen Aufzeichnungen, der Zettel mit der Zuweisungsdiagnose des erfahrenen Hausarztes: Ileus. Der abschließende Arztbrief ist kurz:

Sehr geehrter Herr Kollege! Wir danken für die Zuweisung Ihres Patienten, der am 19.7.1986 über die Interne Abteilung wegen eines Ileus bei uns aufgenommen wurde. Die sofortige Laparatomie zeigte einen Strangulationsileus. Der Allgemeinzustand war sehr schlecht. Der Patient ist postoperativ cardial ad exitum gekommen.

Vati balanciert auf einem riesigen Holzstapel beim Sägewerk Obweger. Er schaut sich nach brauchbaren Lärchenbrettern für mein im Studentenzimmer in Graz geplantes Hochbett um. Er zieht Bretter heraus, der riesige Stapel gerät ins Wanken, Vati springt herunter, in die Richtung, in die der Stapel fällt. Der ganze Stoß fällt auf ihn. Stille, dann leises Stöhnen, der Zigeiner ist in der Nähe, wir graben Vati aus, unverletzt wie durch ein Wunder, wir sehen viele Beulen und Schwellungen im Schlichtabstand der Bretter an Kopf und Körper, den Hut zieht er aus dem noch staubenden Bretterhaufen und schlägt ihn gegen den Oberschenkel, wieder Holzstaub. So ein Glück, meint Vati.

Bei einem seiner letzten Pirschgänge bricht sich Vati den Knöchel, er rutscht auf dem Hintern den steilen Abhang vom Göllgraben bis zur Bundesstraße hinunter, dort kann er einen Autofahrer stoppen, der Hintern tut mehr weh als der Fuß, meint er trocken und geht danach nicht mehr auf die Jagd.

Vom Aufenthalt in der Lungenheilstätte gibt es keine Krankenakte mehr, den Krieg und die Tuberkulose und weitere Geschichten überlebt Vati, den Darmverschluss nicht.

Die Gräber

Meine Mutter und ihr Bruder Willi entschließen sich, das Grab von Omama und Opapa aufzulassen, der kleine schwarze Grabstein an der Südseite des Friedhofs wird entfernt, Willi zertrümmert ihn mit einem großen Schlegel und transportiert die Stücke mit dem Handkarren ab, ich stelle zu Allerheiligen eine Kerze auf das kleine Stück leerer Wiese. Das Grab grenzt fast unmittelbar an den Kinderfriedhof, hier liegen die Mühlbachlopfer und andere Kinder, nicht weit entfernt das Grab der Mille, einer Magd, Freundin von Opapa und Omama. Ich sehe sie noch vor mir, eine kleine Frau mit schaukelndem Gang und schwarzem Stock, mit Verkrümmungen durch Kinderlähmung, kinderlos, brave Kirchgängerin bis zum Tod, ihr Grab schmiegt sich an die Kirchenmauer. Sie lebt mit Omama und Opapa zuerst am Fuß der Kirche im Kirchenschusterhaus, das dann abgerissen wird, später beim Schuster im Sauzipf, der ehemaligen Schweineweide des Dorfes, und beim Salzanderle in einem Zimmerchen, zuletzt im Altenheim. Ich sehe die Mille und die Omama und die Pulverer und die Fani und andere Frauen beim Salzanderle im Wagenschuppen, sie sitzen im Kreis und reden und lachen und entfernen die Blätter von den Maiskolben, um die Tuchente zu füllen. Tirkenfiedern heißt diese Tätigkeit.

Im neuen Teil des Friedhofs liegt das Grab vom Papa. Jetzt, vierzig Jahre nach seinem Tod, wird es auch aufgelassen. Die Umrahmung könne er noch brauchen, meint der Bestatter, den großen Stein, zerschlagen in Stücke, nimmt er gleich mit dem Bagger mit, wieder ein Stück Wiese, wieder eine freie Fläche. Das Grab von Opapa und Omama ist neu vergeben. Es bleibt das Familiengrab mit Rodamuata und Rodavota, Mutti und Vati. Wo liegt Rosa? Wo liegen die Kinder, der Lois?

Ein schlichtes braunes Lärchenkreuz, von Vati selbst gefertigt, links und rechts zwei Steinblöcke mit den Daten der Vorfahren. Vati ist Ersatztotengräber. Springt ein, wenn in der Gemeinde sonst niemand Zeit hat. Ich erinnere mich an Vati in einer Grube, die durch Holzplanken abgestützt wurde, daneben ein riesiger Erdhügel. Er erzählt von dem, was ein Totengräber so alles finden kann in einem Grab, von Goldzähnen und seltsamen Grabbeigaben. Er scheint sich für seine Tätigkeit mir gegenüber zu schämen, ich bewundere ihn.

Der Pfarrer Milan kommt in die vierte Klasse der Volksschule, fragt mich, ob ich Ministrant werden will. Ich werde vom Messner Karl und einem anderen, älteren Ministranten in die Kunst des Ministrierens eingeführt. Anfänglich bin ich noch unsicher, läute zum Entsetzen des Vorbeters in die Pausen des Vaterunser hinein, doch mit der Zeit und über die Jahre – sechs Jahre bin ich Ministrant – werde ich sicherer und bin schließlich je nach Anlass Kreuzträger, Weihwasserträger oder Weihrauchfassschwenker, darf auch ab und zu die Kollekte machen. Bei der Vorstellung, nach der Wandlung und nach dem Pfarrer den Rest Flüssigkeit im Kelch vermischt mit den Bröseln der Hostien austrinken zu müssen, würgt es mich regelmäßig.

Ein riesiger eiserner Schlüssel sperrt ein Türchen am Ende einer steilen Stiege am Turm auf und zu. Dort ist das Uhrwerk, das zweimal am Tag aufgezogen werden muss. Später ist das nicht mehr notwendig, eine automatische Steuerung wird eingebaut, auch für die Glocken, die ich vor Beginn der Messe einschalte, nur zu Festtagen das volle Geläut, sonst nur zwei Glocken. Nur einmal erlebe ich den Pfarrer Milan verärgert, als der Messner versehentlich zu Ostern die Glocken einschaltet.

Die weiße Kutte wird hinten gerafft, es gibt eine eigene Knotentechnik für die Kordel, die Kapuzen sind je nach Anlass rot, grün oder violett. Später sinkt die Bereitschaft zum Ministrieren in der Dorfjugend, wir bekommen als Anreiz schließlich 2 Schilling und 50 Groschen pro Messe, ich gehe oft zweimal am Tag in die Kirche und fahre mit dem Geld zu den Flipperautomaten bei den Campingplätzen am See. Zu Ostern und den Festtagen gibt es mitunter mehr Geld, am meisten bei den Begräbnissen und den Hochzeiten. Wir gehen langsam, feierlich und andächtig aus der Sakristei, Pfarrer Milan voran, zur Aufbahrungshalle, kurze Andacht, dann mit dem Sarg in die Kirche, ich erinnere mich an das Begräbnis der Bierwirtin, deren Leichnam bereits zu riechen beginnt, an das schreiende

Weinen der Tochter Gaugelhofer, an die tiefe Trauer der Familie Hude und vieler anderer. Der Moment, wenn der Sarg mit Musikbegleitung in die Grube gesenkt wird, rührt mich jedes Mal. Ich weine oft. Dann bekomme ich mehr Geld von den Angehörigen.

Bei den Hochfesten und zu Weihnachten muss die Dosis des Weihrauchs stimmen, zu viel und die Sänger des Kirchenchores verlieren ihre Stimmen, zu wenig und die besondere Atmosphäre des rauchenden und geräuschvoll geschwenkten Kessels bleibt aus. Ich kenne die Kirche und den Friedhof, kenne die meisten Gräber, gehe oft durch die Reihen und lese die zum Teil bekannten Namen, die Berufsbezeichnungen, die Daten. Ich stehe andächtig am Kinderfriedhof, am Grab der Großeltern und Urgroßeltern, am Grab des Vaters und besuche die Mille. Ich weiß, wo die Reliquien des heiligen Ägidius, Stammpatron der Kirche, im Seitenaltar verborgen sind, wie Messwein schmeckt, wie geweihte und ungeweihte Hostien am Gaumen kleben und ich weiß, wie schwer es ist, das Lachen zu unterdrücken, wenn zu Ostern statt der Klingel der Holzhammer und die Ratsche zum Einsatz kommen. Ich erinnere mich an Pfarrer Milan, der nach dem ersten Einsatz der Reithofer Maria mit der brüchigen Stimme zur stillen Messe auffordert, an eine Beinaheohnmacht mit dem Kopf über dem Weihrauchfass und an die meine kindliche Andacht bewundernden Blicke, auch von Mama und Mutti, Alt und Sopran, vom Chor herab, erinnere mich an das traurige Gesicht des Pfarrers nach der Mitteilung, dass ich mit sechzehn Jahren nun meine Tätigkeit als Ministrant einstellen wolle, kurz nachdem er mich bittet, die Fürbitten zu lesen.

Das Kind

Vati, mein Großvater, Wilhelm Liesinger, rückt 1942 in den Krieg ein, zuvor ist er unabkömmlich, die Wagnerei braucht ihn, er wird schließlich als Pionier in Norwegen und Russland eingesetzt. Nach einer ersten Verletzung verbringt Vati einige Wochen auf der Krim, zur Erholung. Im Jahr 1946 kehrt er heim. Mutti hat zu diesem Zeitpunkt mit der gemeinsamen Tochter, meiner Mutter, eine kleine Wohnung im Löscherhaus im Zentrum des Dorfes. Gut gelegen, Omama und Opapa wohnen nur 200 Meter entfernt. Ihre Enkelin, braucht nur aus dem Haus raus und die Straße zur Kirche hinaufzulaufen, da sitzt Opapa auf der Bank vorm Haus, dort hat er seine Werkstatt, dort gibt es einen Gemüsegarten und dort lebt auch die Mille. Opapa hat noch einen anderen Garten mit einer Hütte gepachtet und baut neben Gemüse auch Tabak an, bestreicht die Blätter mit Zuckerwasser, hängt sie zum Trocknen auf und schneidet sie Monate später ganz fein, es sei der beste Pfeifentabak gewesen. Ab und zu schickt er seine Enkelin zum Gasthof Pucher ein Bier holen und beobachtet sie auf dem Rückweg beim Schaumlecken.

Mutti arbeitet in der Molkerei, dort gibt es Käse und Milch, Buttermilch und Schlag, sauren Rahm, auch Joghurt, später sogar mit Marmelade verrührt als Fru-Fru bezeichnet, und selbstgebackenen Kuchen. Sie steht sehr früh auf und arbeitet bis spät, hat wenig Zeit für ihre Tochter. Vati ist noch im Krieg. Und dann ist Mutti plötzlich weg und meine Mutter lebt für einige Monate ganz im Kirchenschusterhaus bei Omama und Opapa.

Trotz weiter Kleidung und einem Mieder kann Mutti ihren Zustand nicht länger verbergen. Ihr Vorgesetzter versetzt sie in die Molkerei nach Greifenburg, zur Geburt geht sie nach Lienz, niemand darf etwas erfahren und wissen. Ein Kind und nicht vom Ehemann ist schlimmer als ein lediges Kind. Sie entbindet in Lienz, nur der Rodavota besucht sie dort einmal, das rechnet sie ihm hoch an. Er tröstet sie, es ist hart, sie denkt daran, sich und das Kind zu töten, kommt aber dann doch – ohne Kind –

nach Hause und arbeitet wieder in der Molkerei, es gibt Gerüchte, es wird getuschelt, ich höre das Geflüster und Geraune jahrelang. In der Familie wird darüber nicht geredet, doch das Schweigen wird immer lauter.

Mutti besucht ihre Tochter, holt sie im Sommer 1944 in St. Oswald ab, wo sie bei Verwandten die Sommerferien verbringt. Auf dem Foto, das ich zu Weihnachten 2017 zum Geschenk bekomme, ist Mutti sehr schmal, blickt ernst in die Kamera, ihre Tochter schmiegt sich verschämt an eine fast fremde Frau, die Mutti. Ein Teil der Familie ist wieder vereint, zwei Jahre später kommt Vati vom Krieg zurück.

Niemand weiß Genaueres, Omama deutet mir gegenüber immer wieder ein weiteres Kind von Mutti an, entstanden in den Kriegsjahren, ein Onkel von mir, andere wissen vom Versuch, die Schwangerschaft zu verbergen, von den Monaten in Greifenburg und der Geburt in Lienz, erzählen von heftigen Streitigkeiten zwischen Mutti und Vati später bei bestimmten Anlässen und Vatis Ausbrüchen, sie solle nur ins Dorf runter gehen zum … Das Verschweigen und die Scham sitzen tief, meine Mutter weiß von nichts, Willi schüttelt den Kopf. Ein Geheimnis, ein weiteres Schweigen, das im Lauf der Jahre immer lauter wird.

Die Haustür ist versperrt. Das Geheimfach für den Schlüssel an der Holzwand des Wirtschaftsgebäudes ist leer. Ich pfeife mit den Fingern, mehrmals, immer schriller, immer lauter. Schließlich wird die Balkontür im zweiten Stock geöffnet, Mutti wirft den Schlüssel herunter. Ich sperre auf, steige die steile Stiege hinauf. Unten stehen zwei Flaschen mit dunklem Bier, die nehme ich mit. Das Zimmer der Rodamuata hat jetzt eine Glastür, dahinter befindet sich Willis Werkstatt. Er ist nicht da. Die zweite Stiege hinauf, noch steiler, blauer PVC-Belag, unten am Eingang grau gesprenkelter. Ein Gummibaum im trockenen Topf, mit mehreren Bindfäden an den Nägeln in der Holzwand befestigt, ein Haupttrieb mindestens zwei Meter hoch, ein kleiner Seitentrieb, einige staubige Blätter ganz oben. Links neben der Treppe ein Kästchen mit blauem Furnier, dann der dunkle Vorraum, die Glühbirne ist schon seit Jahren kaputt. Links die Küche, ein Kübel mit graubraunem Wasser steht in der Mitte, darin schwimmen Brennnesselblätter und Reste von Schmierseife, Muttis Fußbad in Vorbereitung für das vereinbarte Zehennägelschneiden, ein besonderes Ritual zwischen uns beiden in den letzten Jahren vor ihrem Tod. Am Küchentisch liegen Zange und Schere.

Aber Mutti sitzt noch gedankenverloren im Wohnzimmer, die Füße in ein Handtuch gehüllt, vor sich einen Stapel mit Fotos. Sie begrüßt mich, sortiert alte Fotos, vergilbte Schwarzweißfotografien, einige zerknitterte waren wohl in Brieftaschen, andere eingeklebt in Alben. Briefe und Postkarten. Mutti hält eine verschmierte Lupe in der Hand, betrachtet jedes Bild, versucht Gesichter und Menschen zu identifizieren. Hinter ihr ein niedriger Schemel, darauf die gerahmten Fotos der Enkel und Urenkel, ich neben der Schwester, meine Buben neben den Kindern der Schwester, Willis Söhne. Der Elektroheizer, eine vertrocknende Pflanze, vielleicht kümmerliche Reste einer Grünlilie? Ich setze mich neben Mutti. Das ist der Onkel Martin, erklärt sie mir. Der war Tischler in St. Oswald. Er konnte wunderbare Möbel machen, der Küchentisch draußen sei von ihm gefertigt. Seine Frau ist die Mami, die lerne ich noch kennen, die gemeinsamen Töchter besuchen wir in der Schweiz.

Wir reden über Döbriach und St. Oswald, Radenthein und Matzelsdorf und Obermillstatt. Mutti bleibt konzentriert, seufzt immer wieder. Unter dem Tisch stehen die Moonboots, blau mit weißen Schneeflocken darauf, die einzigen Schuhe, die Mutti noch anziehen kann, in allen anderen drücken und schmerzen die verkrümmten Zehen zu sehr. Sie kommt nur mehr schwer über die Stiege hinauf, die Rodamuata ist schon tot und ebenso Vati, Omama und Opapa. Willi wohnt nun noch im alten Haus, plant Umbauarbeiten, ist derzeit im Ausland. Es ist still geworden im Haus, kein Mühlbachl, keine Maschinen, keine Stimmen.

In ihren Moonboots geht Mutti mit mir über den Gottlieb-Nanne-Bichl hinauf zur Bundesstraße, um ihren Unfall zu rekonstruieren. Dort an der Haltelinie steht sie mit dem roten Fiat, erklärt mir Mutti, langsam biegt sie nach rechts in die Bundesstraße, ein Auto erfasst sie, fährt aufs Heck auf und schiebt sie nach links über die Gegenfahrbahn auf die Böschung hinauf. Auf einem Felsen, der noch deutliche Abriebspuren zeigt, kommt das Auto dann zum Stehen. Mutti trägt eine Halskrause. Wir schauen uns die Unfallstelle genau an.

Ein weiteres Foto beginnt ihre und meine Aufmerksamkeit zu erregen, Mutti in der Molkerei. Mich befällt plötzlich Unruhe, das Kriegskind fällt mir ein, das Familienphantom regt sich. Immer wieder taucht es in mir auf, dieses Kind, dieser unbekannte Onkel, periodisch und über Jahre drängt es mich, dieses Familientabu zu brechen. Ich schreibe Mutti einen Brief. Ich will nicht wieder Gelegenheiten verpassen, das bedrängende und immer lauter werdende Schweigen zu brechen. Ich will nicht trauern, weil ich mit Opapa nie über unsere Verwandtschaft spreche, mit Omama nie über Alfred, obwohl ich es mir so oft in deren Küche sitzend und vor Anspannung zitternd vornehme. Die Mauern des Schweigens will ich dieses Mal brechen und die Tabuisierung bestimmter Themen in der Familie nicht mehr akzeptieren.

Klagenfurt, 10.11.1998

Liebe Mutti!
Du wirst Dich sicher wundern, einen Brief von mir zu erhalten. Ich glaube fast, es ist überhaupt mein erster an Dich. Bitte lies selber und alleine, denn dieser Brief hat einen besonderen Anlaß. Ich habe mich nämlich entschlossen, eines unserer Familiengeheimnisse oder besser gesagt Familientabus zu enträtseln, und der einzige Mensch, der mir dabei helfen kann, bist Du, weil es hauptsächlich Dich betrifft. Vorweg möchte ich gleich sagen, daß Du, wenn Dir nicht danach ist oder Du nicht darüber reden oder schreiben kannst oder willst, mir gar nicht antworten mußt, schließlich geht es um etwas sehr Privates und Heikles. Nicht umsonst wurde in unserer Familie nie wirklich darüber geredet. Soweit die Einleitung.
Am besten ich fange an, Dir zu erzählen, warum ich mich überhaupt für dieses Familiengeheimnis interessiere. Du weißt, ich mache seit vielen Jahren eine Ausbildung zum Psychotherapeuten. Um das werden zu können, muß man sich sehr intensiv mit der eigenen Geschichte, mit der eigenen Kindheit und mit der eigenen Familie auseinandersetzen. Es geht vor allem auch darum, jene Themen zu besprechen, die besonders geheimnisvoll und verborgen sind, weil die ein Kind am meisten interessieren, faszinieren und beschäftigen, aber auch berühren und einen oft unerwartet großen Einfluß auf das Seelenleben auch des später Erwachsenen haben. Meistens sind es Dinge, die man als Kind nur am Rande mitkriegt, und bei denen man merkt, daß es den Erwachsenen irgendwie ganz anders wird,

wenn sie darüber reden. Und ein solches Geheimnis, über das in unserer Familie nur hinter vorgehaltener Hand getuschelt wurde, kenne ich eben auch seit vielen Jahren und möchte nun nicht mehr länger nur ein bißchen und vielleicht viel Falsches darüber wissen, sondern möglichst alles.
Nun also: Omama erzählte mir vor vielen Jahren, Du seist während des Krieges einmal schwanger gewesen. Es muß nach Mamas Geburt gewesen sein, so in den Jahren 1942–1944. Vati war ja damals im Krieg. Ein anderer Mann, ich kann mich an ihn noch während meiner Volksschulzeit erinnern, er soll Alfred geheißen haben, sei der Vater dieses Kindes gewesen. Wie es zur Schwangerschaft gekommen sei, wurde mir nie richtig erzählt. Jedenfalls sei es während eines Kirchtags passiert, und es sei vielleicht Gewalt im Spiel gewesen. Um dem Klatsch im Dorf auszuweichen, die Schande und das Gerede im damals noch sicher viel konservativeren Döbriach zu vermeiden, seist Du nach Oberdrauburg oder Greifenstein gezogen, um dort unauffälliger schwanger sein zu können. Du hättest dort in der Molkerei gearbeitet. Zusätzlich wolltest Du aber Deine Schwangerschaft verbergen und hättest Dich geschnürt, um Deinen Bauch zu verstecken. Das Kind sei schließlich zur Welt gekommen aber kurze Zeit später verstorben. Das ist ungefähr alles, was ich weiß. Mama hat als kleines Kind wohl nicht viel Konkretes mitbekommen, außer daß sie wohl sehr unter der Abwesenheit ihrer Mutter gelitten hatte. Vati hat es dann später erfahren. Aber wie gesagt, ich weiß das alles nur über dritte Personen. Und es könnte sein, daß wie bei der stillen Post, ein großer Teil gar nicht stimmt.
Trotzdem hätte ich gerne mehr über meine(n) Onkel/Tante gewußt, und ich wage zu behaupten, daß es uns allen guttun würde, vor allem aber Dir, über solche tragischen und schmerzhaften Ereignisse in Deinem Leben zu reden oder zu schreiben.
Wenn es Dir möglich ist, mir etwas mitzuteilen, laß es mich wissen, wenn nicht, werde ich es auch akzeptieren.
Mit lieben Grüßen

Den Brief sende ich nie ab. Und nun drängt das Phantom wieder. Ich zittere und bebe, kriege die brennende, seit Jahren konservierte Frage nicht über die Lippen, kämpfe mit Hitzegefühl und trockenem Mund. Endlich kann ich die Frage stellen: Es habe da ja noch ein Kind gegeben von dir im Krieg, einen Sohn?

Mutti wird still, schluckt. Woher ich das wisse? Die jahrelang angesparten Gerüchte und das Getuschel fasse ich kurz zusammen. Sie seufzt, erzählt von einer Vergewaltigung bei einem Kirchtag, von ungewollter Schwangerschaft, von Suizidfantasien und der Versetzung nach Greifenburg. Und von der schweren Geburt in Lienz, über 4.500 Gramm und, tot geboren, ein Bub. Noch schnell wird er getauft. Mehr wolle sie nicht erzählen, auch nicht, wer der Vater sei, das nehme sie alles mit ins Grab.

Wir gehen in die Küche, ich halte sie am linken Unterarm, damit sie nicht ausrutscht, noch einmal gebe ich heißes Wasser zur Brennnesselseifenbrühe, nach einer halben Stunde ist es so weit, die Hornhaut ist weich, die Nägel sind nicht mehr so spröde. Mutti schreit bei jeder Zehe vor Schmerz oder vor Vergnügen oder um mich und später die staunenden Buben, meine Söhne, zu unterhalten. Die Nagelteile verteilen sich auf dem Teppich in der Küche. Der Hoover, steht bereit. Es ist harte Arbeit, ich schwitze, trockne die Füße ab, bin beeindruckt und irritiert von den bleistiftdicken, geschlängelten Krampfadern und den verkrümmten, ineinander verklumpten Zehen, den Überbeinen und den Hornhautballen, die ich nun noch wegschleife. Eine Fußpflegerin will Mutti nicht, ich mache das gut genug, meint sie. Ich müsse alles für mich behalten, mahnt Mutti, die Leute reden so viel. Sie verpflichtet mich zum Schweigen. Ich breche es und widme mein erstes Buch über Kaspar Hauser dem toten Kind, dem Familienphantom.

Der Tiergarten

Mutti arbeitet jahrelang in der Molkerei, schleppt die schweren Milchkannen, stemmt die großen Käselaibe hoch und zerteilt sie, sortiert danach im Postamt stundenlang Briefe und Karten, fährt mit dem Rad oder später einem schwarzen Puchmoped die Post aus, stellt mit dem Auto die Telegramme zu, holt die eingeworfene Post aus den Postkästen und stempelt sie ab, die Briefe mit den Sondermarken sogar händisch, trägt alles zum Postauto. Sie nimmt die Pakete entgegen, frankiert sie, arbeitet mitunter auch am Schalter, putzt die beiden Wählerämter und mitunter sogar die im Dorf verstreuten Telefonzellen. In den Sommerferien im Gymnasium helfe ich mit.

Mutti stellt einen Kurantrag, er wird bewilligt. In St. Jakob im Defreggental soll sie sich erholen, zur Ruhe kommen. Wir fahren zu ihr, meine Eltern, Anita und ich im blauen VW Käfer und Willi, Vati, Omama und Opapa im hellblauen Fiat 1200. Fesch sieht die Mutti auf dem Foto von 1971 aus, schwarzes Dirndlkleid, ein Tuch mit Spitzen um die Schultern, hochgesteckte Haare. Und wir alle im Sonntagsausflugsgewand, ich im braunen, nicht kratzenden Schnürlsamt. Eine Kuh auf einer Weide scheint zahm, ich sitze auf ihr, Mama melkt sie sogar, alle lachen, Papa lehnt sich an die zufriedene Kuh. Willi sitzt auf dem roten Traktor von Muttis Quartiergebern, die Hand am Schalthebel. Alles zu sehen auf alten, verblichenen Dias, von denen ich Jahre später Fotos machen lasse.

An noch einen Ausflug im hellblauen Fiat erinnere ich mich, eine lange Fahrt ins Maltatal. Eine kurvenreiche Strecke am Lieserfluss entlang, Anita, die bei jeder Autofahrt nach wenigen Kilometern erbricht, ist nicht dabei, aber Vati und Mutti, Omama und Opapa. Es gibt interessante Tiere zu sehen, Vati zieht es zum Wildgehege, er beobachtet die großen Hirsche und die Rehe und das Damwild, seine Augen leuchten, Mutti ist beim Kleintierzoo geblieben, streichelt Ziegen und Schafe und Zicklein und Lämmer, füttert die Waschbären, ich stehe mit Opapa vor dem Löwengehege und den Tigern. Hier gibt es ganz seltene weiße Tiger.

Die Löwen sind mit den Bernhardinerhunden im selben Gehege, sie liegen aneinander gedrängt auf dem kahlen Boden. Betonwände, Stacheldraht, ein paar Baumstämme. Ein scharfer Geruch von Urin und Schweiß steigt mir in die Nase.

Im Gasthaus gibt es Limonade, mir beißen die Augen, die Hose und das Hemd jucken und reiben an den Nahtstellen, es wird geraucht, ich kriege Kopfschmerzen, werde unruhig in den dichten Schwaden von Rauch und Lärm, dränge auf die Heimfahrt und bin weinerlich, habe Heimweh, quengele. Ich habe noch einen Schnuller, der wird in ein bereits geöffnetes Marmeladenglas gedrückt und mir angeboten. Im Marmeladenglas Butterreste. Der Schnuller ist unbrauchbar geworden, vergiftet, es würgt mich allein bei der Vorstellung, wie oft Schnuller schon in dieses Marmeladenglas eingetaucht worden sind, geschweige denn, dass ich ihn in den Mund nehme. Endlich der Aufbruch. Den Schnuller halte ich im Auto während der ganzen Heimfahrt steif weggestreckt in der Hand. Ich bin entwöhnt.

Der kleine Alfred

Jahrzehnte später halte ich einen Vortrag über seelische Traumata, eine Hebamme spricht mich an. Wir sprechen über Verlusterlebnisse in Familien und deren Folgewirkungen. Ich erzähle vom Familienphantom, dem Onkel, dem verleugneten Kind, vom Schweigen über Generationen, dem immer drängender werdenden Wunsch nach Gewissheit. Sie kenne eine Seelsorgerin in Lienz, erwähnt die Hebamme.

Und Monate später erreicht mich ein Mail jener Seelsorgerin. Sie bittet um die Daten, soweit sie mir zugänglich seien. Wieder einige Wochen später ein Anruf. Das Kind ist gefunden. Es sei tatsächlich ein Bub gewesen, sogar getauft, leider nach wenigen Minuten verstorben. Sie schickt mir Fotos vom erhalten gebliebenen Taufbuch, darin finden sich handschriftliche Einträge der Hebamme. Geburtstag, Geburtsort, nur fünf Minuten lebt mein Onkel, wird notgetauft und bekommt den Namen Alfred, nach seinem ausgewanderten Großvater. Die Seelsorgerin schickt auch einen Brief, in dem sie ihre Recherchen zusammenfasst:

Anbei sende ich Ihnen die Taufurkunde Ihres Onkels – ausgestellt von der Pfarre St. Andrä. Das Krankenhaus liegt im Pfarrgebiet dieser Pfarre und alle Taufen wurden und werden im dortigen Taufbuch dokumentiert. Weiters konnte ich herausfinden, dass Alfred mit sehr großer Wahrscheinlichkeit am 13. April 1944 am Lienzer Friedhof zusammen mit Fr. B. R. bestattet wurde. 1973 wurde das Grab von einer anderen Familie übernommen und aktuell ist es die Grabstätte von Herrn P. P., der 2002 hier begraben wurde. Die Nummer des Grabes ist: AF-F-T-207. Wenn Sie einmal das Grab besuchen wollen, ist Ihnen hoffentlich folgende Beschreibung eine Hilfe: Das Grab befindet sich am alten Friedhof. Wenn Sie diesen betreten, müssen Sie gleich nach links gehen, ein Weg führt die Grabreihe entlang. Diesen Weg bis zum letzten Grab gehen, dann hinaufgehen zur dritten Grabreihe und dann in dieser Reihe

7 Gräber weit gehen. Dann sollten Sie vor dem Grab von Herrn P. P. stehen. In diesem Grab wurde Ihr Onkel Alfred mit sehr großer Wahrscheinlichkeit begraben. Es gibt leider keine Aufzeichnungen bei der Stadtgemeinde, aber es ist eigentlich die einzige Möglichkeit in diesem Zeitraum ...

Wir sitzen in einem Gastgarten in einem Lienzer Innenstadtrestaurant. Meine Mutter, Willi und ich mit meiner Familie, so meine Erinnerung. Wir essen, gehen dann langsam und andächtig durch verwinkelte Gassen zum Friedhof, wir wissen nun also mit ziemlicher Sicherheit, in welchem Grab das Baby Alfred beigesetzt wird, in welchen Sarg, zu welcher Frau er beigelegt und ins Grab versenkt wird. Inzwischen ist das Grab aufgelassen, neu besiedelt, wieder aufgelassen, wieder vergeben. Und doch ist die Suche nicht einfach. Schließlich finden wir den Platz, der einmal Alfreds letzte Ruhestätte war und gedenken seiner: Onkel, Großonkel, Bruder. Was ist passiert? Ist der Bub wirklich so schwer, dass die Geburt so verzögert verläuft, dass er stirbt? Was tat die Hebamme, deren Name auf dem Taufschein steht? Was ist die Todesursache? Wird gar nachgeholfen, 1944? Zwei Kerzen brennen für ihn. Zu Weihnachten erhalte ich die Taufurkunden und überreiche meiner Mutter und meinem Onkel Willi, Alfreds Halbgeschwistern, die Kopien.

Wieder stehe ich vor Alfreds letzter Ruhestätte. Ich lege einen Metallschmetterling auf die Flügel eines kleinen Gipsengels. Plötzlich ein schmerzhafter Druck in der Brust, mit Rührung nehme ich meine Trauer und Tränen wahr.

Die Schule

Es ist nicht weit bis zur Volksschule. Ich gehe in die Schule, in die vor mir Vati, Mama und Willi gehen, später auch Anita. Breite Steintreppen, eine schwere, hohe Holztür mit vergitterten Glasfenstern, die laut ins Schloss fällt. Davor die Pausenglocke, unten ein Griff, der Direktor bestimmt, wann zur Pause geläutet wird und wer aus der vierten Klasse es tun darf. Das ist eine besondere Auszeichnung. Und es gibt andere Privilegien. Wer darf für Lehrer Zlanabitnig Wurstsemmeln kaufen gehen, wer die großen Landkarten und Sachunterrichtskarten im Lagerraum holen, selten auch ins Dorf laufen, um etwas zu besorgen oder zum Schulwart hinauf. Meine Jause kaufe ich beim Bäcker Müller, meistens ein Zuckerreinkerl mit viel Zimt und Rosinen und Zucker. Ich bin nicht glücklich in der Schule, schnell besorgt, oft ängstlich, der Unterricht dauert mir viel zu lange, das viele Sitzen ist unerträglich. Oft habe ich Kopfschmerzen.

Die erste Klasse ist im ersten Stock, die Lehrerin heißt Kofler, sie ist bekannt für ihre laute Stimme und die Stille, die sie sich wünscht. Ich lerne leicht und schnell, andere Kinder nicht. Die müssen nachsitzen, werden vor der Klassengemeinschaft bloßgestellt, gedemütigt, angeschrien. Wir sitzen mucksmäuschenstill, die Hände am Rücken verschränkt, gefühlte Stunden, während die Lehrerin Hefte korrigiert, beim kleinsten Geräusch steht man in der Ecke. Lehrer Zlanabitnig gibt dem Stefan Strafaufgaben, zuerst 2 Seiten, dann 4, dann 8, dann 16, dann 32, bei 64 Seiten kommt Stefans Mutter erzürnt in die Schule, man einigt sich auf 8 Seiten. Ich bewundere Stefans Mutter. Sie trennt sich von ihrem Mann, Stefans Stiefvater, dem einarmigen Gelegenheitsarbeiter, als er sie mit der Springschnur der Töchter schlägt. Stefans Stiefvater leiht mir für den Kinderfasching eine Zigarette, ich gehe mit Langhaarperücke als Hippie. Ich stehe mit Stefan vor dem Balkon, durch dessen Tür das wütende Schreien des betrunkenen Stiefvaters dringt, sehe sein vor Zorn gerötetes Gesicht, höre wie er seinen Vater zischend als Schwein bezeichnet, in die Wohnung wagt er sich nicht. Wir warten, bis es still wird.

Die zweite und die dritte Klasse werden zusammengelegt, 36 Kinder in einem Raum, hinten bollert der Ölofen, getrennter Unterricht im selben Klassenzimmer. Dem Ehrhard reißt die Haut, als Frau Kofler ihn an den Ohren hochzieht, in den kurzen Pausen toben wir uns im Schulhof aus, Buben fangen Mädchen, Mädchen fangen Buben, die Mädchen hüpfen Gummi, jahrelang, die Buben spielen Fußball. Im Turnunterricht gibt es Wettbewerbe, Hochsprung, Weitsprung, „Wer hat Angst vorm schwarzen Mann", Völkerball, es gibt rote und blaue Schleifen für die Mannschaften, Holzstäbe, große und kleine Bälle im Schuppen. Die großen Bälle heißen Medizinbälle.

Beim Lehrer Zlanabitnig in der dritten Klasse spielen wir Theater, ich erinnere mich an eine Gemeinderatssitzung zum Thema der Errichtung einer Würstelbude im Schulhof und meinen Auftritt mit Umhang und Schwert als Herodes, wir lernen den Umgang mit einem Funkgerät, besprechen Konflikte. So die Gründe für meinen Steinwurf an den Kopf von Wolfgang. Doch die modernen Lehrer sind bald wieder weg, auch das Fräulein Andrä mit dem goldgelben Haar und dem entzückenden Lächeln, das, wenn es mir gilt, meine Ohren zum Glühen bringt. Den Direktor haben wir in der vierten Klasse, es ist sein vorletztes Schuljahr, er ist auch streng, trägt seit einer Explosion im Krieg Hörgeräte, die guten Schüler aus den besser gestellten Familien werden bevorzugt, die anderen kriegen das Stäbchen auf den Fingern oder den Meterstab auf dem Rücken zu spüren. Hubert wird wegen eines schmutzigen Hemdkragens nach Hause geschickt. Gute Schüler dürfen den Direktor auf seinen Ausflügen begleiten, im Konvoi geht es auf die Turrach, zum Landesmuseum, zum Landhaus, ins Minimundus, zum Europapark, zum Herzogstuhl oder nach Teurnia.

Willi geht schon in die Postschule in Graz, einige Monate sehe ich ihn nicht. Dann, zu Ostern, kommt er nach Hause. Seine geflickten Jeans haben rote Fransen, er trägt einen schwarzen Hut, seine schwarzen Haare reichen ihm bis zur Brust. Langsam und bedächtig, eine Zigarette rauchend, geht er an der Volksschule vorbei, er wartet auf die Pause und will mich abholen. Wir Kinder stürzen zu den Fenstern, der Direktor scheucht uns zurück. Da sei nichts Gescheites zu sehen, meint er. Das sei grausig. Ich bin stolz.

Im ersten Stock liegt die Wohnung des Direktors, er ist anerkannter Heimatforscher, gibt das Sagenbuch des Bundeslandes heraus, hält spannende Vorträge über den Bauernaufstand gegen das Kloster in Millstatt und den Lachsenkrieg und organisiert Ausflüge. Rechts das Konferenzzimmer, hierher kommt auch der Schularzt, der die Impfungen vornimmt. Ich erinnere mich an das Anstellen in langen Reihen die Stiege hinauf und meine quälende Angst vor der Spritze und dem Schmerz. Hier werden auch die Augenuntersuchungen und Sehtests gemacht, hier findet meine Volksschuleignungsprüfung statt, die Augen zweier Würfel gilt es zusammenzuzählen, und hier werden Hörtests gemacht, im kleinen Nachbarraum ist die Schulbücherei und lagern die Schulbücher.

Noch einen Stock höher befindet sich die Wohnung des Schulwarts und seiner Frau. Eine Glastür mit Vorhängen. Selten gehe ich da hinein, und wenn, werde ich ganz besonders gemustert. Ob ich der Enkel vom jungen Roda sei? Vielsagende Blicke treffen mich und werden zwischen dem Ehepaar ausgetauscht. Ich erinnere mich an den besonders langen, prüfenden Blick aus dunklen Augen, den ich erst viele Jahre später zu verstehen glaube.

Der Kindergarten

Ich liege im neuen Haus auf dem Wohnzimmerboden, meine Lindetiere in einem bunten Haufen vor mir. Ich baue eine Prozession auf, vorne kommt der große Elefant mit erhobenem Rüssel und großen Stoßzähnen von der Firma Reindorf, das Maul weit aufgerissen, danach die afrikanischen Elefanten mit großen Ohren und die indischen mit den kleinen Ohren, dann die Tiere nach der Größe geordnet, zuerst die Giraffe mit dem kleinen Affen am Hals, dann der Elch mit dem ausladenden Geweih, weitere Wildtiere, die Großkatzen, die Antilopen und die Rehe mit den zarten Läufen. In einer eigenen Gruppe stehen die Vögel zusammen: Tukan, Reiher, Pinguin, Habicht, Strauß, Pelikan, Eule und Papagei. Dann die grünbraunen Saurier. Die Prozession wird begleitet von einer Kapelle aus Engeln. Eine blaue Kuh, innen hohl, und ein grüner Mickey passen nirgends dazu, sie stehen etwas abseits. Rote und weiße Indianer und Cowboys bilden wieder eine eigene Formation. Ich kenne jede Figur ganz genau, jede ist tausendfach betastet, jede Form in mein Hirn eingebrannt, die Fellhaarbüschel des Collies, die Muskeln des Jaguars, die transparenten Flügel des Flugsauriers, die Adlerfedern der Indianer, kein Detail ist mir neu. Ich stelle mir vor, welche Figuren meinen Verwandten entsprechen. Welche von ihnen sind meine Eltern? Die Elefanten? Und meine Schwester? Opapa – der Bär? Welche Figur entspricht mir und welche werde ich einmal gewesen sein und welche einmal werden?

So überhöre ich das Rufen meiner Mutter. Ich soll kommen, jetzt. Erst in diesem Moment bemerke ich das Kratzen der Kleidung, ich bin also wieder in schönes Gewand gepfercht, in die juckende Hose, in das scheuernde Hemd. Wenn ich kratze, wird alles schlimmer, ich stehe auf und gehe steif wie Pinocchio zur Tür. Ich soll in den Kindergarten, er ist im Nachbarort, ein paar Kilometer Autofahrt, Ich will dort nicht hin. Mama drückt mir ein rotes Kindergartentäschchen in die Hand, es gehörte Willi und soll mir nun den Einstieg in den Kindergarten erleichtern. Ich weine während der Fahrt, will nicht aussteigen, lasse Mama nicht los, die Kindergärtnerin gibt ihr Bestes, ich solle nur den Raum anschauen, aber ich misstraue Mama, gehe ich hinein, dann wird sie die Gelegenheit zum Aufbruch nutzen, und das wäre ein unerträglicher Gedanke. Ich weiche ihr nicht von der Seite, klammere mich an sie. Wir fahren wieder nach Hause, meine Prozession steht noch, ich lege mich zu den Tieren, versinke in die Prozession, reihe mich ein, höre im Hintergrund aus der Küche Mamas enttäuschtes Seufzen.

Ich bin beim Kindermaskenball als Jäger verkleidet, Knickerbockerhose, Hut, kariertes Hemd, im Rucksack ein echter Fuchsschwanz, noch vom Vota. Vor diesem Fuchsschwanz fürchte ich mich. Ich hole ihn raus, werfe ihn angewidert weg, im nächsten Moment der Unaufmerksamkeit stopft ihn Mama in meinen Rucksack und ein zweites und ein drittes Mal, jedes Mal erschrecke ich mich aufs Neue. Beim roten Kindergartentäschchen bin ich schon klüger, ich trage es zum Bach, es schwimmt zum See, wie die Kinder im Mühlbachl soll es sterben.

Ich komme verfrüht von der Schule nach Hause, meine Mama ist nicht daheim, es gibt in der Garage ein Schlüsselversteck, doch die Garage ist zu. Ich werde panisch, fahre mit dem Roller ins Dorf, weine von Geschäft zu Geschäft, finde Mama nicht, drehe um. Das Dorf kennt mich und mein lautes Weinen schon. Das Kellerfenster ist offen, ich hänge das schwere Fenster mit dem dicken Betonrahmen und Doppelscheiben seitlich aus. Im Keller ist neben dem Brennholz eine Leiter, die ich aus dem Fenster ziehe. Ich stelle sie auf, das Zimmerfenster im ersten Stock ist offen, so könnte ich über den Vorraum in die Wohnung gelangen, die Haustür aufsperren und wäre so wenigstens im Haus. Ich stehe auf der Leiter kurz vorm Einstieg in Anitas Zimmer, ich höre das warnende Rufen meiner Mutter und ihre Frage, was das denn soll.

Die Zahnbürste

Mama lebt mit ihrer Mutter in der kleinen Zweizimmerwohnung beim Löscher. Vati ist im Krieg. Mutti sperrt Mama im Haus ein, wenn sie bereits früh in die Molkerei geht. Wenn Mama aufwacht, schaut sie beim Fenster hinunter und bittet Passanten der Mutter zu sagen, dass sie nun die Tür aufsperren könne, dann geht sie mit in die Molkerei und frühstückt dort oder geht zum Kirchenschusterhaus zu den Großeltern. Mutti kommt oft spät heim, arbeitet viel, hat wenig Zeit für die Tochter, als sie 1944 über einige Monate weggeht, wohnt Mama bei Omama und Opapa im Kirchenschusterhaus. Sie erinnert sich an die mit Maisfedern gestopften Tuchenten und die harten Matratzen, die nach dem Aufstehen von Omama und Opapa, zwischen denen sie liegt, eine warme Mulde bilden. Zwei Jahre später ist Vati wieder da. Wegen des Verdachts auf Lungentuberkulose muss Mama zwischen 1948 und 1949 in ein Erholungsheim für Kinder, einige Wochen sind keine Besuche möglich. Doch bald kommt Omama auf Besuch und winkt aus sicherem Abstand. Die Bakterien finden ihren Weg durch die Generationen.

Meine Eltern fahren zur Messe nach Klagenfurt, das Wohnzimmer im neuen Haus soll möbliert werden. Sie gehen von Möbelstand zu Möbelstand, die Firma Rodrix macht ihnen das beste Angebot. Der große Wohnzimmerkasten wird geplant und gezeichnet und schließlich bestellt. Ich bin bei Omama und Opapa geblieben, warte auf die Eltern von Stunde zu Stunde schwerer, es wird dunkel, ich spiele mit meinen Tierfiguren, werde müde, Omama und Opapa wirken auch bereits besorgt, tauschen Blicke aus, richten das Bett her, ich soll mich in die Mitte zwischen sie legen. Ein großes Doppelbett aus schwarzbraunem Holz, darüber ein großes Bild. Ein Kind geht auf einem Holzsteg über einen Bach, ein Engel mit ausgebreiteten Flügeln begleitet das Kind, verhindert, dass es ins Wasser fällt. Ins Mühlbachl?

Ich bin angespannt, ängstlich, verstört. Meine Eltern kommen nicht. Omama redet von Verspätung, Unfall, wirkt auch besorgt, Opapa beruhigt. Die werden schon kommen, meint er. Endlich, sehr spät schon, das erlösende Klopfen, Mama und Papa kommen durch die Tür, meine Mutter schaut mich etwas unsicher an, als Geschenk erhalte ich eine grüne Zahnbürste, dem Impuls, sie wegzuwerfen, widerstehe ich nur mit großer Mühe. Wir fahren zum Haus, ich bin erleichtert, ignoriere aber die Eltern bei der Heimfahrt und im Haus, gehe still in mein Zimmer.

TEIL II

In der väterlichen Welt

Der Glanz

Der Berg zwischen Döbriach, dem Dorf meiner mütterlichen Familie, und Neu Olsach, dem Dorf meiner väterlichen Familie, heißt Glanz. Fast jedes Wochenende fahren meine Eltern, meine Schwester und ich mit dem blauen VW Käfer über den kurvenreichen Pass des Berges. Und fast jedes Wochenende erbricht meine Schwester während der Fahrt und benutzt ausgiebig das bereits vorbereitete Plastiksackerl. Die Fahrt dauert höchstens zwanzig Minuten. Ich erinnere mich an ein Geräusch, ein monotones Klacken beim Loslassen der Kupplung, sehe noch die orangen Winker beim Mittelholm ausklappen, sie werden später durch Blinklichter ersetzt. Ich sitze im Stauraum hinter der Rückensitzbank über dem Motor. Dort passe ich genau hinein, spiele mit den für diesen Ausflug ausgewählten Lindetieren, ein paar nehme ich immer mit oder Münzen oder ein Legoauto. Ich spüre noch den rauen Stoffbezug dieser Luke. Unter mir brummt und vibriert der Motor, wie auch bei der Fahrt in den Urlaub nach Jesolo. Im Kanaltal kurz nach einer Tunneleinfahrt stockt der Verkehr. Ein Auto fährt uns auf, mein Kopf knallt gegen die Heckscheibe, mir passiert nichts, die Motorhaube des Käfers wird ausgeklopft. In Jesolo treffen wir den Fahrer des deutschen Wagens zufällig wieder.

Eines Morgens gehe ich mit meinem Vater am Tag nach einem Sturm den Strand entlang. Der heftige Wellengang hat vieles an Land geschwemmt. Ich sammle Muscheln. Eine Plastikplane liegt am Ufer, einige Menschen stehen um die Plane herum. Wir gehen hin, schon nah erkennen wir die Umrisse eines Toten darunter, Papa zieht mich erschrocken weg, die blauviolette Haut am aufgequollenen Unterarm des Toten bleibt mir in Erinnerung. Am Strand gefeiert, zu viel Alkohol, Herzversagen, erfahre ich. Betrunken schwimmen zu gehen, sei gefährlich. Der Urlaubsort Jesolo hinterlässt nur Schrecken, ich verirre mich in der unübersichtlichen Ansammlung von gleichfarbigen Sonnenschirmen und laufe verzweifelt zwischen den Reihen der Liegestühle herum, zuletzt völlig aufgelöst und orientierungslos in die Arme meines Vaters.

Im Winter gibt mein Vater einen großen Sack gefüllt mit Sand in den Kofferraum des Käfers, der sich vorne unter der Blechhaube befindet, dort sind auch der Reservereifen und der Tank. So beschwert und mit dem Hinterradantrieb und dem Motor hinten kommen wir auch im Winter gut über den Glanz zu seinen Eltern, meiner Oma und meinem Opa.

Fünf Geschwister hat mein Vater, drei Schwestern, zwei Brüder, zwei Tanten und ein Onkel und ihre Familien müssen auch über den Glanz. Wenn es schneit und die Straße glatt ist, sitzen wir Kinder hinten im Kofferraum des nicht rutschfesten Opel Kadett von Tante Edda und Onkel Bruno und fahren im Schritttempo den Berg hinab. Der Berg verbindet und trennt die beiden Familien. Bei Opa und Oma im Dorf am Fuß des Glanz treffen sich die Mitglieder der Großfamilie, die Onkel und Tanten und Cousins und Cousinen der väterlichen Familie. In einem kleinen Haus mit einem Gemüse- und Obstgarten, mit einem Bienenhaus und einem Stall mit Ziegen und Hühnern und einer Werkstatt mit Drechselbank und Hobelbank. Opa arbeitet im Heraklithwerk in der Tischlerei.

Die Wespenkeusche

Drei Kartenspiele werden in den Oberkärntner Wirtshäusern gespielt, Watten, Schnapsen und Tarock, alle drei beherrscht Josef Oberlerchner, mein Urgroßvater väterlicherseits, gut. Er ist Fabriksarbeiter in Seebach, bekommt am Freitag seinen Wochenlohn, und nicht selten geht er auf dem Heimweg in die am Weg liegenden Wirtshäuser und spielt Karten, auch um Geld, verliert den Lohn, verdoppelt ihn, kommt ohne Geld oder mit einem vollen Geldbeutel nach Hause. Unterm Rechnungsstrich des Wirtes steht inzwischen eine ordentliche Schuldensumme. Josef ist geschickt, trinkt nicht zu viel, sieht sich seinen Gegner gut an, wählt aus, mit wem er beim Viererschnapsen oder Viererwatten zusammenspielt. Obwohl noch nicht mit Maria Sima verheiratet, wird er etwas vernünftiger, ruhiger, übernimmt Verantwortung für die beiden gemeinsamen, noch ledigen Kinder, trotzdem sind die bei den Wirten angeschriebenen Spielschulden schon hoch. 1899 heiratet er Maria, fünf weitere Kinder kommen auf die Welt. Friedrich, mein Opa, ist der Vorletzte in dieser Reihe.

Mit der Mitgift und dem kargen Ersparten kauft sich das Paar ein kleines Haus. Maria bleibt daheim, achtet auf die Ziegen und die Kinder, hilft bei Bauern der Umgebung aus und macht Heimarbeit. Josef bleibt Fabriksarbeiter und regelmäßiger und leidenschaftlicher Kartenspieler.

Es ist ganz leise in der Gaststube. Das Spiel naht der letzten Entscheidung, es ist spät, der Wirt hat das Licht schon gedämpft, in diesem Spiel geht es um alles, Josefs Taschenuhr liegt bereits auf dem Tisch, auch die seines Gegners, eines Bauern aus der Gegend. Josef ist sich seines Sieges sicher, setzt sein ganzes Geld und verliert. Der Wirt übernimmt alle von Josef bisher angehäuften Schulden und bleibt unerbittlich, so die Familienlegende. Josef und seine Frau und die sieben Kinder müssen ausziehen, sie finden vorerst keine bezahlbare Bleibe, dann eine Holzbaracke, weit entfernt im Wald gelegen, mit einer Wiese, einem Garten, einem kleinen Stall. Leitenbauerkeusche, auch Wespenkeusche heißt das armselige Haus.

Die älteren Kinder werden auf Verwandte und umliegende Bauernhöfe aufgeteilt. Die Familie zerbricht.

Josef muss 1914 in den Krieg. Maria arbeitet nun auch in der Fabrik in Seebach, leistet Übermenschliches. Sie mietet ein Zimmerchen im Arbeiterwohnheim und nimmt die drei jüngsten Kinder mit: Marianne (1907), Friedrich (1909) und Maria (1911). Auch sie werden schließlich verteilt. Friedrich, wechselt in den nächsten Jahren viermal sein Zuhause, als Sechsjähriger kommt er zu seiner Tante Johanna Oberlerchner, vulgo Praschnig, muss am Hof mithelfen, wird von seinen Cousins und Cousinen gehänselt, vernachlässigt, schlecht ernährt. Er erinnert sich später an den Inhalt eines Nachttopfes, den er über den Kopf geleert bekommt, an einen mit der durch Krätze offenen Haut verwachsenen Pullover. Mit Eichenrindensalbe wird die Haut langsam wieder heil. Und der Schulweg in Holzschuhen ohne Socken, im Sommer barfuß. Er wird bei der Ernte gebraucht, darf über Monate nicht in die Schule, lernt aber mit den anderen Kindern mit und hilft ihnen sogar bei den Hausübungen. Vorübergehend ist er bei seinem Onkel Ferdinand, vulgo Nikele, dann bei jenem Bauern in Obermillstatt untergebracht, bei dem seine ältere Schwester Theresia als Magd angestellt ist. Mit zehn Jahren kommt er wieder zu einer anderen Tante, besteht aber darauf, in die ihm vertraute Schule zu gehen, nimmt dafür einen einstündigen Schulweg in Kauf. Ob die Reihenfolge so stimmt?

Opas Charakter wird wohl in diesen Jahren geprägt, er ist fleißig, pflichtbewusst, zäh, geschickt im Umgang mit Menschen, strebt nie in den Mittelpunkt, ist ein stiller, aber aufmerksamer Beobachter am Rande, er meidet Alkohol und spielt gerne Karten, aber nie um Geld. Er isst sich nie satt. Ein Drittel des Magens soll leer bleiben. Er verlangt viel von sich und den anderen, auch von den eigenen Kindern. In großer Gesellschaft hält er es nie lange aus, beobachte ich, er steht bald auf, geht ins Freie, betrachtet die Umgebung, bevorzugt Vieraugengespräche, man sieht ihn oft in intensiven Kontakt vertieft. Er ist ein talentierter Zeichner und verblüfft auch später im Beruf mit seiner raschen Auffassungsgabe. Wissbegierig bleibt er bis zuletzt und meint auf die Frage nach dem Rezept für sein langes Leben anlässlich seines hundertsten Geburtstages, es sei die Neugier, die ihn so lange habe leben lassen. Er stirbt mit hundertdrei Jahren, zwei seiner Geschwister werden auch über hundert Jahre alt. Der zweitälteste Bruder Johann, geboren 1897, bleibt im Krieg.

Opas Vater, Josef, stirbt 1918 mit einundfünfzig Jahren, unmittelbar nach Ende des Krieges, angeblich in einem Krankenhaus in Graz. Eine Krankenakte lässt sich nicht finden. Woran ist er gestorben? Warum in Graz? Wird er Opfer der Spanischen Grippe? Wo ist sein Grab?

Opas Mutter, Maria, eine zarte Frau, arbeitet nach dem Zerbrechen der Familie und Verteilen der Kinder in der Pappendeckelfabrik in Seebach und kommt im höheren Alter bei ihrem erstgeboren Sohn Josef unter. Sie stirbt 1964 mit vierundneunzig Jahren, in meinem Geburtsjahr.

Die Grundmauern der Wespenkeusche in Altersberg stehen noch heute. Fotos von Maria Oberlerchner zeigen ein von tiefen Falten zerfurchtes, sehr ernstes Gesicht. Mit ihren dicken, an den Händen und Unterarmen vorstehenden Venen hätte man spielen können, erinnern sich die Geschwister meines Vaters, und daran, dass sie im Gehen habe stricken können.

Der Sog

Die Eltern meines Vaters, mein Opa Friedrich Oberlerchner und meine Oma Josefine Peball, heiraten im Jahr 1936. Sieben Kinder kommen zur Welt, das erste wird tot geboren und nicht getauft, mein Vater Reinhold ist das drittgeborene. Dieser Name ist neben Ehrenfriede, Edda, Sieglinde, Friedrich und Siegfried ein deutliches Zeichen in der Zeit des Nationalsozialismus. Opa ist SA-Mitglied wie auch Vati, mein Großvater mütterlicherseits. Mutti ist NSDAP-Mitglied. Alle identifizieren sich mit der Nazi-Ideologie. Muttis BDM-Uniform findet sich nach ihrem Tod auf dem Dachboden sorgfältig eingewickelt und mit Mottenkugeln versehen, das Parteibuch bei den Dokumenten.

Im Jahr 1975 verbringe ich meinen einzigen und letzten Sommerurlaub bei Opa und Oma in Neu Olsach. Es wird viel unternommen, Opa hat von der Gemeinde den Auftrag angenommen, die Wanderwege im Bereich des Egelsees und von Rothenthurn und Umgebung sauber zu halten. Mit einem dumpfgrünen Roller, KTM Pony, fahren wir die Wege ab, lassen das Gefährt auf Parkplätzen stehen und sammeln in großen Plastiksäcken den Abfall aus den aufgestellten Abfalleimern und Weggeworfenes neben den Wanderwegen ein, leeren Mistkübel und melden größere Ablagerungen bei der Gemeinde. Wir sind viel unterwegs. Opa kennt besondere Orte, ich sehe im Egelsee meine erste Nacktbadende, ich starre sie an, Opa zieht mich weg. Wir besuchen unterwegs Bekannte und Verwandte, ich lerne den Umgang mit der Sense, wir machen Heuhiefler, und Oma sorgt gut für mich, wir arbeiten im Bienenhaus und im Garten. Ich erinnere mich an Wabenhonigbrote.

Und doch sind diese Sommerwochen in meiner Rückschau dunkel. Alles ist still, fast leblos. Drückend schwüle Sommerhitze, flirrender Asphalt, eine strenge Beherrschtheit, ein schweigendes Erdulden von etwas nicht Fassbarem, eine zunehmend unerträglich werdende Traurigkeit, Einsamkeit und Bedrücktheit. Es zieht mich weg, ich bekomme brennendes Heimweh, verspüre eine eigenartige Hitze im Kopf, schlafe schlecht.

Ich beginne mit meinem Rennrad herumzufahren, stundenlang, in der Siedlung, in den nahegelegenen Dörfern, die Bewegung tut mir gut, vertreibt die immer schwerer und schwärzer werdende Stimmung jedoch nur für kurze Zeit. Ich fahre mit dem Rad zu einer Tante, läute den schlaftrunkenen Cousin heraus, rufe meine Mutter an, sie sollen mich holen, ich würde es nicht mehr aushalten, wisse aber nicht was, kann die Schwermut, das Heimweh, das Einengende nicht beschreiben. Zwei Tage später werde ich abgeholt. Ich hätte brav gearbeitet, der Haushalt sei aber nicht meine Sache, meint Opa und deutet damit einen Vergleich mit meinem Cousin an, der zuvor dort eine Sommerwoche verbringt. Oma schaut mich kummervoll an, ihre ständig wippenden Kopfbewegungen und ihr vibrierendes Nicken werden im Alter stärker, fallen mir damals schon auf. Ausdruck ständiger Sorge? Ich habe ein schlechtes Gewissen. Bin ich undankbar? Ich weiß nur, dass ich wegwill, schnell, ein dunkler, stiller Sog erfasst mich. Zu Hause bin ich trotz der vermeintlichen Niederlage vorerst unendlich erleichtert, alles wirkt aber noch einige Tage lang fremd, verändert, der Kater kommt mir riesig vor, das Haus wie umgestellt.

Ich werde still zu Hause, bin unendlich einsam und schließlich quälend bedrückt. Ein Gefühl der Wertlosigkeit und des Ungeliebtseins befällt mich. Ich beginne nun auch hier in der Sommerhitze Rad zu fahren, exzessiv, schnell, während es im Inneren meines Brustkorbs nagt, mich langsam aushöhlt. Ich halte Menschen nicht mehr aus, kann nicht sitzen bleiben, weine heimlich und gepresst, um mich etwas zu erleichtern. Ich suche Anschluss und bin so kränkbar, dass ich Nähe nicht ertrage, jedes Wort entwertet mich, ich werde von allen gemieden. Keine Beschäftigung lenkt mich schließlich mehr ab, ich gehe zum Bach, denke an die Mühlbachlkinder und sehe mich treiben. Ich, der Elfjährige, erhole mich nur langsam. Wovon?

In der Irrenanstalt

Mein anderer Urgroßvater väterlicherseits, der Vater meiner Oma, heißt Johann Peball. 1923 ist er Patient in der damals sogenannten Klagenfurter Irrenanstalt. Alle Akten, darunter auch die des Urgroßvaters, übergebe ich im Jahr 2012 dem Kärntner Landesarchiv. Ich studiere sie.

Krankenakte Johann Peball, geb. 12.5.1876
18.3.1923 bis 19.5.1923: geheilt. Diagnose: Path. Depressionszustand.

Status somaticus – Personenbeschreibung
161 cm groß, kräftig gebaut, gut genährt, Körpergewicht 60 kg, Letzteres sei seit Jahren völlig unverändert. Schädel von mittleren Dimensionen, längsoval, Horizontalumfang 56 cm. Dunkelbraun, vom Scheitel etwas gelichtete Kopfhaare. Weißbrauner Schnauz- und Backenbart. Braune Irides.
Ohrläppchen mangelhaft differenziert, nahe der Insertionsstelle an derselben eine leichte Kerbe. Linksseitige Leistenbruchoperationsnarbe und abermaliger Leistenbruch. Pupillen rege, gleichweit, prompt auf Lichteinfall reagierend, leichtgradiges Zungenzittern, derbschwielige Arbeiterhände, Patellarsehnenreflex in mittlerer Stärke auslösbar. Sprache und Gang ohne Störung.
Schriftprobe: Johann Peball
Innere Organe ohne krankhaften Befund, ängstlich-depressiver Gesichtsausdruck mit zeitweiliger Thränenwallung, Schlaf stark gestört.
20.3. Wassermann im Serum: negativ (Dr. Schindelka).

Krankengeschichte 18.3.1923
Pat. wird über Weisung Dr. Köfflers/Spittal mit Spitalsaufnahmeeinweisung, aber ohne anamnestische Angaben zur Aufnahme gebracht.

Die Gattin Maria Peball berichtet: Der Vater des Pat. war vorübergehend mehrmals schwermütig, versuchte mehrmals Suizid, machte schließlich darauf Selbstmord, sprang in die Drau. Der Onkel väterlicherseits war ebenfalls melancholisch, brachte sich in Suizidabsicht Schnittnarben am Hals bei. Eine Seitenverwandte war geisteskrank. Der Pat. habe gut gelernt, galt als intelligent, in seiner Lebensführung sehr exakt. Seit 2.8.1909 ist er Südbahnoberbauarbeiter. Er hat die Schuhmacherei und Weberei erlernt, beide Berufe bis 1909 ausgeübt.
Der glücklichen 1913 geschlossenen Ehe entsprossen 6 Kinder im Alter von 9–1¼ Jahren. Bis vor 6 Jahren war Patient unauffällig, zeigte eine ausgeglichene Stimmungslage. Damals hustete seine Frau stark. Patient fürchtete ihren Verlust, später auch den baldigen Tod seiner jüngsten, vollkommen gesunden Kinder.
Am 17.3. versuchte sich Patient morgens mit einer Schnur zu erdrosseln, bald darauf sprang er in einen 2 Meter tiefen Teich. Der Pat. findet keine Ruhe mehr, es sei besser, wenn er sich beiseite räume, er finde an nichts mehr Freude.

19.3.1923 Status psychicus
Der Patient zeigt ein ängstliches Wesen. Er ist wortkarg, blieb die Nacht über völlig schlaflos und berichtet:
Der Vater sei gleich schwermütig veranlagt gewesen, fürchtete sich vor allgemeiner Hungersnot, sprang am 20.3.1918 in die Drau, ertrank, war dauernd so hartmütig. Sein Halbbruder väterlicherseits war gleich, schnitt sich in Suizidalabsicht tief in den Hals. Des letzteren Schwester Maria Müller stand 4 Wochen in Anstaltspflege (Diagnose: Mania periodica), starb am 21.12.1893 in der Anstalt. Vor dem Schulbesuch litt Pat. an Rippenfellentzündung, sonst war er nie ernstlich krank, die letzten Jahre litt er öfters an Kreuzschmerzen, konnte sich sodann nur mühsam bewegen, musste wochenlang im Dienst pausieren. Er entwickelte sich in frühester Jugend normal, besuchte von 7–14 Jahren die Volksschule, war ein schwacher Schü-

ler, absolvierte die bestehenden 2 Klassen mit je 2 Abteilungen. Der Vater war Knecht, die Mutter Magd.
Der Pat. versorgte den Vater 9 Jahre, die altersschwache Mutter seit 1899. Pat. diente 1897–1899 aktiv, wurde der Mutter wegen enthoben, weil diese vorübergehend geistesgestört und schwermütig war: Sie kränkte sich über die Untreue seitens des Vaters des Pat.
Der Pat. war lediglich 10 Monate lang während des Krieges der Bahnsicherung zugeteilt. Die übrige Zeit war er enthoben, arbeitete im Berufe. Vor diesem war er Weber und Schuhmacher, ersteres hatte er 2, letzteres 3 Jahre gelernt.
Der 1913 geschlossenen glücklichen Ehe entstanden 6 „arme Kinder, das ist traurig und die Frau auch immer krank" im Alter von 9–1¼ Jahren.
Im August 1909 wurde Pat. Oberbauarbeiter, er ist pensionsfähig angestellt, man lobte stets seinen Fleiß. Er verdiente etwa 1 Million monatlich. Er hatte sich 1908 ein kleines Anwesen gekauft, welches ihm in guten Jahren die Haltung von 4 Rindern, heute von 2 Kühen gestattet. Der Besitz kostete 29.000 Gulden, davon zahlte er unter Beisteuern des Vaters 21.000 Gulden, den Rest tilgte er bis 1916. Heute findet er ob des Kinderreichtums sein knappes Auskommen. Er lebte überaus sparsam, arbeitete noch nach Möglichkeit daheim. Er war noch nie ähnlich gemütsleidend wie heute. Er war nicht übertrieben heiter, aber lebenszufrieden.
Am 3.2. kam Pat. abends vom Leichenbegängnis einer greisen Pastorsfrau heim, die Zeremonie hatte ihn nicht sonderlich ergriffen, war dort eigentümlich verändert, voll innerer Unruhe, konnte nicht schlafen. Er fühlte sich nachts allgemein unwohl. Seitdem wurde er zunehmend schwermütiger. Er werde nicht mehr arbeiten können, seine kleinen Kinder würden damit darben müssen.
Keine Selbstvorwürfe. Erst in den letzten Tagen beherrschte ihn Selbstmordneigung: Pat. sprang in einen Teich, man reichte ihm eine Stange, ein Rest Vernunft ließ Pat. nach diesem Rettungsmittel langen. Er suchte sich mit einer Schnur zu erdrosseln. „Er muss sich

noch furchtbar zusammennehmen, dass er nicht Gleiches wieder unternimmt."
Seit 3.2. ist Pat. im Krankenstand, seine Beine und Arme seien wie bleiern, der Kranke fühle sich körperlich gehemmt, der Schlaf war während der 6 Wochen dauernd ein schlechter, Schlafpulver förderten letzteren nur wenig. Er zweifelt an seiner Genesung, so geboten letztere im Interesse seiner Kinderschar wäre und so sehr er sich dieselbe schon aus dem gleichen Grunde wünsche.

Krankengeschichte
23.3. Schlaf nur auf Hypnotika
3.4. arbeitet unter Aufsicht, was dem Wunsche des Kranken entspricht
5.4. weniger depressiv
29.4. schläft manche Nacht gut, andere nur stundenlang
6.5. bittet selbst noch in der Anstalt verbleiben zu dürfen, er fühle sich erfreulich wohl, doch noch nicht seiner selbst sicher. Stundenlang sei es ihm noch sehr schwer
15.5. fleißiger, anstelliger Arbeiter
19.5. Pat bittet nunmehr selbst, heimkehren zu können, um für seine zahlreichen Kinder wieder sorgen zu können. Peball ***wird genesen entlassen****, nachdem er seit Wochen eine ausgeglichene Stimmungslage zeigte.*

Der Baum

Nach dem frühen Tod seiner Frau Maria, meiner Urgroßmutter väterlicherseits, an einer Lungenerkrankung im Jahr 1933, verschärft sich die latente Depressivität meines Urgroßvaters Johann Peball neuerlich massiv. Er sei im Jahre des Todes seiner Frau nochmals in der „Irrenanstalt" gewesen, nun in Graz, sei ohne wesentliche Besserung nach Hause gekommen und erhängt sich am 15. April 1933 an einem Baum in der Nähe seines Hauses, so die Erzählungen der Großmutter. Eine Krankenakte aus dem Jahr 1933 lässt sich in Graz nicht finden, auch nicht in Klagenfurt. Der Baum wird immer wieder Ziel von Kurzausflügen der Kinder seiner Tochter. Ehrfürchtig und erregt stehen alle vor dem großen Baum, beäugen einen besonderen Ast, flüstern.

Ich blättere die in sehr schwer lesbarem Kurrent geschriebene Krankenakte wiederholt durch, erst später fällt mir ein mit Maschine geschriebener Zettel auf. Das Gesundheitsamt Villach fordert im Herbst 1944 die Krankenakte an, noch werden Sippentafeln und Erbgänge erstellt, Zwangssterilisationen vorgenommen, müssen Hebammen und Amtsärzte belastete Familien melden. Die Familie ist ins Visier der Erbbiologen und Eugeniker geraten. Oder hat die Recherche andere Gründe? Zum Muttertag 1944 erhält Josefine Oberlerchner, meine Oma, inzwischen Mutter von sechs lebenden Kindern, das Mutterkreuz zweiter Ordnung. Ein blaues Kreuz in Silber mit einem Hakenkreuz in der Mitte am blauen Band. Überreicht vom Gemeindevorsteher. Auch Maria Oberlerchner, Omas Schwiegermutter, erhält ein Mutterkreuz.

Auf dem Denkmal am Friedhof Annabichl in Klagenfurt gehe ich anlässlich der jährlichen Gedächtnisfeier noch einmal alle alphabetisch geordneten Namen der Opfer und Verfolgten des Naziregimes durch. Oberlerchner Aloisia ist auch zu lesen. Wie so oft in den letzten Jahren fahre ich ins Kärntner Landesarchiv, hebe eine Krankenakte aus und studiere sie. Dieses Mal vielleicht eine aus der eigenen Familie? Aloisia Oberlerchner wird 1909 geboren, ist Magd, stammt aus Puchreit, einem

Dorf im Bezirk Spittal, das zur Gemeinde Eisentratten gehört. Dieses Dorf ist nur 13 Kilometer von Altersberg entfernt, wo die Familie meines Großvaters ansässig ist. Eine Verwandte? Sie wird im Jahr 1929 erstmalig mit der Diagnose Dementia präcox (die alte Bezeichnung für Schizophrenie) aufgenommen, regelmäßig treffen Anfragen des Vaters ein. Die Antwort des Arztes lautet:

Ihre Tochter verhält sich zwar recht ruhig, sie leidet aber an zahlreichen Wahnideen, schließt sich von der Umgebung ab und spricht wenig, zeigt auch für nichts Interesse. Es handelt sich nach dem Ergebnis der bisherigen Beobachtung jedenfalls um ein längerdauerndes Leiden, dessen Voraussage nicht bestimmt gemacht werden kann. Das körperliche Befinden ist zufriedenstellend.

Zwei weitere Anfragen finden sich in der Akte. Aloisia erhält den Vater Johann Oberlerchner als Kurator und wird schließlich am 29. Oktober 1930 gegen Revers entlassen:

Unterzeichneter verpflichtet sich hiermit, die aus der Kärntner Landesirrenanstalt in gebessertem Zustand übernommene Aloisia Oberlerchner mit aller Sorgfalt zu überwachen, damit sie weder für sich selbst, noch jemand anderem Schaden zufügen kann, und erklärt sich bereit für allen wegen Mangel der erforderlichen Aufsicht entstandenen Schaden zu haften sowie für die Einholung der etwa noch erforderlichen ärztlichen Hilfe zu sorgen.

Aloisia wird am 20. Mai 1932 wieder an der Landesirrenanstalt aufgenommen. Auch der Grund der neuerlichen Aufnahme ist der schmalen Akte nicht zu entnehmen. Einmal noch, im Jahr 1933, fragt der Vater schriftlich nach, und erhält die Auskunft:

Das Verhalten Ihrer Tochter ist immer unverändert. Sie lebt abgesondert und vollkommen teilnahmslos dahin, kümmert sich nicht um die Umgebung und zeigt für nichts Interesse. Das körperliche Befinden ist befriedigend. Derzeit wäre eine Entlassung zwecks Antritts eines Dienstposten ausgeschlossen.

Zwei Besuche werden im Jahr 1940 – kurz vor der Deportation ins Mordschloss Hartheim bei Linz – noch vermerkt: *am 22.5 vom Vater, am 4.8. von zwei Verwandten.* Vielleicht wissen und ahnen die Angehörigen, dass Aloisia in Lebensgefahr ist. Schon begutachtet durch die Berliner Kommission, schon als schizophren und damit als unwertes Leben eingestuft, schon auf der Transportliste nach Hartheim zur Vergasung. *Am 25.8.1940 nach Hartheim überstellt,* steht auf dem ersten Umschlagsblatt der Akte.

Die Aufsätze

Onkel Fritz übergibt mir 2018 ein Schulheft meines Vaters, das Deutschhausübungsheft des Schuljahres 1948/49. Beim Lesen fällt mir sein Aufsatz „Der Kirschzweig" auf und ich entdecke einen ähnlichen Aufsatz in meinem eigenen Schulheft: „Der empörte Bauer". Beim Verfassen sind er und auch ich zwölf Jahre alt. Ich fühle mich meinem Vater nah, wir haben eine ähnliche Geschichte, wir schreiben eine ähnliche Geschichte.

Der Kirschzweig
Meine Eltern waren mit uns Kindern überaus milde und nachsichtig; aber ihren vollsten Zorn ließen sie uns fühlen, wenn sie uns auf irgendeiner Unwahrheit ertappt hatten. Nun kam ich einmal an einem Sommertag mit einen üppig mit schwarzen Kirschen beladenen Zweig nach Hause. Ich hatte ihn im Hintergarten des Nachbarn heimlich vom Baum gebrochen. Meine Mutter fragte mich sofort, woher ich den Kirschzweig hätte. Ich antworte im ersten Schreck: „Von unserem Baum." Kaum war das erste Wort heraus, so fiel mir ein, daß unser Baum keine so schwarzen Kirschen trage, sondern rote. Ich war auf Herbes gefaßt, aber meine Mutter schwieg. Sie schwieg und ging hinaus in die Futterkammer, ich schlich ihr nach und fand sie bitterlich weinen. So weint eine Mutter, deren liebsten Sohn man in den Kerker führt. Mir gingen die Augen auf, mir gingen sie über. Auf meinen Lippen die Unwahrheit, in meiner Hand fremdes Gut. Ich fiel vor meiner Mutter auf die Knie, gestand alles und flehte um Verzeihung. „Steh auf", sagte sie, „trag den Kirschbaumzweig zum Nachbarn und sag ihm, was Du getan hast!" Ich tat das; der Nachbar lachte und meinte: „Wegen der Handvoll Kirschen da! Sie sind dir wohl vergönnt; sie werden mir von dem Baum da unten immer gestohlen." Das war mir gerade genug, da hatte der Mann einen Kirschbaum für Diebe. Ich hatte genug für mein Leben lang.

Knapp dreißig Jahre später schreibe ich in mein Deutschhausübungsheft des Schuljahres 1975/76 ebenfalls einen Aufsatz, der sich mit dem Stehlen von Obst auseinandersetzt.

Der empörte Bauer
An einem Nachmittag fuhren ich und meine Freunde Seppi und Horsti zu einem Bauern. Dieser hatte einen Fischteich, welchen wir besichtigen wollten. An unserem Weg standen viele Bäume schwer beladen mit Obst. Wir konnten nicht widerstehen ein paar Äpfel zu nehmen. Als wir ganz vertieft waren, die heruntergeschüttelten Äpfel aufzuheben, hörten wir plötzlich eine empörte Stimme hinter uns. Es war der Bauer. „Könnt ihr nicht fragen, wenn ihr ein paar Äpfel wollt? Verschwindet, sonst nehme ich Euch die Fahrräder weg“, fauchte er uns an. So schnell wir konnten, stürzten wir uns auf die Fahrräder und fuhren los. Zu diesem Bauern aber gingen wir nie wieder Äpfel stehlen.

Der Fallschirmstoff

Meine Oma Josefine, die älteste Tochter des Johann Peball, übernimmt nach dem Tod der Eltern die Verantwortung für die Geschwister, der älteste Sohn Johann erbt den Hof, vorübergehend sind die fünf minderjährigen Kinder unter Vormundschaft. Zu dieser Zeit lernen sich Opa und Oma kennen, er unterstützt die elternlose Familie, hilft auch auf dem Hof mit, dann baut das junge Paar eine Hütte auf dem Grundstück des Bruders. Das Leben ist karg, Opa ist Taglöhner, er arbeitet als Holzknecht, beim Straßenbau, macht Gelegenheitsarbeiten, ist bekannt für sein handwerkliches Geschick, aber auch für seine Tierliebe. Er bringt die wildesten und gefährlichsten Pferde vor den Pflug und schläft schon als Kind lieber im Stall als in den kalten Zimmern. Oma hat eine Fehlgeburt, gemeinsam begräbt das Paar das erste Kind im Wald.

Dann kommen die Kinder in jährlichem Abstand auf die Welt. Erst 1942 muss Opa in den Krieg, er ist nach der Grundausbildung in Frankreich, später in Holland und Belgien und schreibt rege, viele Briefe und Postkarten nach Hause, auch an meinen Vater, sind erhalten geblieben. Er erkundigt sich nach den Schulerfolgen, schickt Fallschirmstoff nach Hause, der zu Jacken für die Kinder wird.

8.12.1944

Mein lieber Sohn!
Die zweiten Weihnachten kommen nun, wo ich nicht kann daheim bei dir sein, auch kann ich dir diesmal nur ein einfaches Kärtchen schicken, weil ich ja sonst nichts habe. Wünsche Dir mein lieber Reinhold halt recht lustige und frohe Weihnachtstage und denke auch trotzdem am Weihnachtsabend im Kreis deiner lieben Geschwister auf deinen Vater. Ich muss leider wachen in weiter Ferne.

Nach kurzer Gefangenschaft kommt er nach Hause. Er schleicht sich, zweifelnd und unsicher, was ihn zu Hause wohl erwartet, ans Haus heran, überrascht seinen Sohn Fritz am Plumpsklo, der schreit: Der Vota! Alle Kinder laufen zusammen, alle hängen an ihm.

Das zerbombte Heraklithwerk in Ferndorf wird neu aufgebaut, Opa erhält eine Stelle als Hilfsarbeiter, wird später Vorarbeiter. Das Paar kann sich schließlich ein eigenes Haus bauen, das nun meinem Onkel Fritz gehört, und das über Jahrzehnte das pulsierende Zentrum des zweiten, des väterlichen Teils meiner Großfamilie darstellt. Hier, jenseits des Glanzes, trifft sich dieser Teil meiner Großfamilie fast jedes Wochenende, es wird getratscht, gelacht, es werden familieninterne Entscheidungen besprochen, es wird Kaffee getrunken, gestritten, Karten gespielt, Wabenhonig gegessen, die Ziege abgeholt und auf die Alm gebracht, es werden veredelte Pflanzen und das Gewächshaus und Opas Holzwerkstücke und Drechselarbeiten bestaunt, es spielen die zwölf Cousins und Cousinen im Garten und fahren am Abend gestärkt vom Familienzusammenhalt und dem Wir-Gefühl im Konvoi wieder über den Glanz heim.

Im Mittelpunkt der barfüßige Friedrich aus der Wespenkeusche und Josefine, Vollwaise seit sie achtzehn ist. Opa immer zuversichtlich, kämpferisch und von Lösungen überzeugt. Oma bekümmert und sorgenvoll, pessimistisch, nachdenklich und traurig, immer das Schlimmste erahnend.

Die Steine

Mein Vater absolviert nach der Hauptschule eine Schlosserlehre im Heraklithwerk in Ferndorf, ab 1955 besucht er die Schule für Maschinenbau und Elektrotechnik in Graz, wohnt bei Frau Sonntag in Gösting, schläft aus Kostengründen im Doppelbett. Anlässlich einer gemeinsamen Fahrt nach Graz etwa zwanzig Jahre später ist er erstaunt, mehr noch, erschüttert, dass er den Uhrturm am Schlossberg nicht auf Anhieb findet. Nach seiner Ausbildung beginnt er im Werk in Radenthein zu arbeiten, ist nun Angestellter und stolz, Mitarbeiter in diesem großen und florierenden Betrieb, der ÖAMAG (Österreichisch-Amerikanische Magnesit AG), zu sein. Zuerst wohnt er noch bei seiner Tante Theresia, der Schwester seines Vaters, später zieht er ins Burschenheim. Auf der Fahrt mit dem Radl über den Glanz zu seinen Eltern macht er beim Döbriacher Kirchtag Halt und erblickt meine Mutter.

Gespannt warte ich an der großen Schranke des Werkes. Kurz nach halb vier darf man, ständig beobachtet vom strengen Portier, an der Schranke vorbei ins Werksgelände bis zum Eingang zur Kantine, wo auch die Werksbälle und Ehrungen stattfinden. Um drei viertel vier kann ich meinen Vater mit Kollegen aus einer Tür am Ende einer langen Fabrikhalle aus dem Gebäude treten sehen. Da ist die Steinfabrik, links das Labor, ganz unten die sogenannte Aufbereitung, dann die Presse. Dort wird das vorbereitete Material unter Hochdruck zu feuerfesten Steinen gepresst, dann gebrannt und verladen.

Ich laufe meinem Vater entgegen, in voller Geschwindigkeit. Schon von weitem sieht er mich kommen, stellt scheinbar gelassen die schwarze Aktentasche, in der er Blöcke und Kugelschreiber und Radiergummis vom Werk mitbringt, auf den Boden, legt den Mantel darüber. Ich laufe so schnell ich kann, mit vor Freude verzerrtem Gesicht, und er wirbelt mich durch die Luft. Ich bin glücklich und stolz. Die Kollegen, die das Schauspiel amüsiert betrachten, kenne ich auch schon, den Ludwig, den Alois, den Franz und den zweiten Ludwig, der ein Rallyeauto hat. Am

Ausgang erwartet uns meine Mutter, und wir fahren mit unserem blauen VW Käfer, später dem roten Passat, nach Hause. Vorbei an der Erdmannsiedlung, der Kilzersiedlung.

Die Firmenlegenden kenne ich. Im Jahr 1908 entdeckt der Bergingenieur Josef Hörhager auf der Millstätter Alpe eine große Magnesitlagerstätte. Der Deutsch-Amerikaner Emil Winter sichert sich im gleichen Jahr die Schürfrechte, gründet die ÖAMAG und wird deren erster Direktor. Eine Materialseilbahn liefert das Mineral vom Bruch zum Werk ins Tal. In den 1960er Jahren gibt das Werk über 4.000 Menschen Arbeit, ernährt hunderte Familien, die zum Teil in der von einem Direktor Erdmann gegründeten Siedlung leben, verpestet mit den Rauchschwaden aus den beiden riesigen Schloten die Umgebung, den See. Der Hang über dem Werk ist kahl. Eine vermehrte und verfrühte Sterblichkeit soll es nicht geben, schnappe ich in Gesprächen auf. Der Fremdenverkehr im Winter und Sommer boomt trotzdem, die Gegend wird wohlhabend. Das Werk wird zum pulsierenden Zentrum. Es gibt die Werkskantine und das Werkscasino, das Werkskaufhaus, den Werksbus, die Werkslaster, die Werksseilbahn, das Werksspital, die Werksmusikkapelle, die Werksfeuerwehr.

Dann die Straße hinunter am Rodahaus vorbei zu unserem Haus. Auch am Samstag muss mein Vater arbeiten oder hat Bereitschaftsdienst, da gilt es, die Abläufe des Brennens der feuerfesten Steine in den Öfen zu planen. Papa fährt oft ins Werk, schläft nachts schlecht, ist überbesorgt und grübelt, kann nicht abschalten, erste Anzeichen der keimenden Depression.

Am Wochenende kommt meine Großtante Theresia zu uns, die wir Kinder nur Tante Resi rufen. Sie ist am 1.4.1900 geboren. Als ihr Vater die Wespenkeusche beim Kartenspiel verliert, ist sie schon Magd, und lebt bei Bauern. Bald lernt sie ihren späteren Mann Johann Melbinger kennen, einen aus der Steiermark gebürtigen Elektriker, der von allen Hans genannt wird. Auch er arbeitet im Werk und ist danach bei der Kelag angestellt.

Die Briefmarken

Tante Resi steht mit der Schürze in der Küche, sie schneidet die Äpfel in dicke Scheiben, Walnüsse werden frisch gemahlen, nicht zu fein, sie mischt den Teig, konzentriert und aufmerksam, das Mehl muss allerdings fein und griffig sein. Den Teig walzt sie behutsam ganz dünn aus, bis er durchsichtig ist. Ich darf durchschauen, er reißt nie. In den Teig werden die Apfelscheiben mit den Nüssen und Rosinen und Zimt und Zucker gerollt. Zwei dieser dicken Apfelstrudel haben auf dem Blech Platz. Das Rohr ist vorgeheizt, die Strudel werden mehrmals mit Butterschmalz bestrichen, die Decke wird braunknusprig.

Tante Resi ist bekannt für ihren Apfelstrudel und ihre Kartenspielleidenschaft – Rummy. Der Strudel kommt noch warm und nochmals mit Butterschmalz übergossen auf den Teller, wird nur von Wuchteln mit Vanillesauce geschmacklich übertroffen. Dann sitzen meine Eltern und Tante Resi und Anita und ich am Tisch und spielen Karten, später, nach dem Suizid meines Vaters zu viert, nach Auszug von Anita zu dritt, bis ins Jahr 1995. Die letzten zwei Jahre bis zu ihrem Tod verbringt Tante Resi nach zwei Schlaganfällen in einem Altenheim. Ihren Mann Hans lerne ich nicht kennen, er stirbt schon 1960 an Lungenkrebs.

Ich sitze mit meinem Vater am Küchentisch, er überlegt lange und entscheidet sich schließlich, Tante Resi Briefmarken abzukaufen. Ihr Mann, mein Großonkel Hans, sei immer und bei jeder Tätigkeit fanatisch, höre ich wiederholt. Fanatischer Raucher, fanatischer Nazi, fanatischer Briefmarkensammler und fanatischer Katholik, das aber erst nach dem Krieg. Die Sammlung Deutschland geht zu einem Kriegsfreund nach Deutschland, Vatikan und Liechtenstein erbt der Enkel Christian, Papa kauft Österreich und Schweiz. Sauber gefalzte Briefmarken – meist gestempelt, seltener postfrisch von der ersten Serie, der noch ungezähnten Briefmarken mit dem Österreichischen Wappen – von 1850 bis zum Jahr 1960 in akribisch und wie gestochen beschrifteten Alben. Tante Resi schenkt mir Norwegen, DDR, Schweden und diverse Alben mit ausländischen Briefmarken. Stundenlang sitzt Hans am Tisch, ordnet und sortiert Briefmarken, verbraucht sein ganzes Gehalt. Tante Resi weiß oft nicht, woher das Essen kommen soll, da sein Lohn für die Briefmarken, Ersttagsbriefe und Ganzsachen draufgeht. Jetzt, im Alter, will sie was haben dafür, meint sie.

Stundenlang sitzen mein Vater und ich am Tisch mit den Briefmarkenalben, vergleichen Wasserzeichen, wie Rauten und Waffeln, und überprüfen die Zähnung, versuchen Lackstreifen zu finden und Farben zuzuordnen, den Preis im Michel-Katalog zu eruieren, zu ergänzen und zu sortieren. Die erste Briefmarkensammlung bleibt nach der Flucht ins „Altreich" 1934 beim Nachbarn, unmittelbar nach dem Anschluss an Deutschland kehrt die Familie zurück, die Briefmarken sind weg, verkauft, Hans fängt noch einmal von vorne an. Für die verschwundene erste Sammlung erhält er 1939 eine Entschädigung in Höhe von 2.400 Reichsmark.

Tante Resi liegt nach dem ersten Schlaganfall im Villacher Krankenhaus. Sie bittet meine Mutter, jene Fotoalben, die nicht jeder sehen muss, aus dem Wohnzimmer zu holen und mitzunehmen. Exakt und säuberlich wie die Briefmarken sind hier die Fotos eingeklebt. „Mein Weg ins Reich" und „Im Reich" heißen die Alben. In Knickerbockern und erhobener rechter Hand verabschiedet sich Hans mit drei Freunden von Österreich, verfolgt als Nationalsozialist der ersten Stunde. Von Jugoslawien aus nimmt er das Schiff nach Deutschland und lässt im November 1934 seine Frau mit dem Sohn Hans nachkommen. Nach einem Aufenthalt im Familienlager Rummelsberg in Pommern im Dezember 1934 erhält Hans eine Arbeit in Nürnberg. Später hilft er bei der Elektrifizierung deutscher Städte mit. Strommasten werden eingegraben, mit seinem Bautrupp kommt Hans bei Bauern auf dem Land unter. Die Familie lebt bei verschiedenen Gesinnungsgenossen und in unterschiedlichen Städten, zuerst in Ansbach.

Tante Resi hat mehrere Tics, sie räuspert sich immer wieder laut, bewegt unwillkürlich mahlend ihren Kiefer, die Prothesen knirschen, sie ist zufrieden mit dem Apfelstrudel und ihrem Rummy-Blatt, wird wieder als

Erste fertig und hat die höchste Zahl abgelegt. Papa bringt sie mit dem Auto in die Erdmannsiedlung zurück. Oft fahren wir zu ihr, die Beziehung zwischen Tante Resi und meinem Vater ist eng, das Haus wird dem Werk abgekauft, erweitert und umgebaut, es hat einen großen Garten, wir sammeln Johannisbeeren von den Sträuchern, klauben Kirschen und Himbeeren und mähen regelmäßig den Rasen.

Die Todesmühlen

Tante Resis Mann Hans muss nach Kriegsende bereits Anfang Juni 1945 ins Entnazifizierungslager nach Wolfsberg. Im ursprünglichen Kriegsgefangenlager der deutschen Wehrmacht (Stalag KVIII B) werden während des Zweiten Weltkrieges tausende Belgier, Polen, Franzosen, Russen und Soldaten weiterer Nationen gefangen gehalten und als Arbeiter in der Landwirtschaft und beim Straßen- und Kraftwerksbau eingesetzt. Unzählige sterben und vor allem russische Kriegsgefangene werden jenseits jeglicher menschlichen Kultur grausam behandelt und ermordet. Unter britischer Führung in ein Internierungslager umgewandelt (Camp 373), werden hier von 1945 bis 1948 führende österreichische Nationalsozialisten inhaftiert. Vom Gauleiter bis zum Ortsfunktionär sind über 8.000 Männer und Frauen vor allem aus der Steiermark und Kärnten meist über Monate interniert, ob sie tatsächlich entnazifiziert werden, ist allerdings fraglich.

Als Nationalsozialist der ersten Stunde, und das bereits zur Zeit der Illegalität, ist mein Großonkel Hans bekannt für seinen Fanatismus. Wir alle sind Mitläufer und nutzen die Gelegenheit, an Geld und Arbeit zu gelangen, meinen meine Verwandten, die SA-Opas und die NSDAP-Mutti. Aber Tante Resis Mann ist durchdrungen von der nationalsozialistischen Doktrin, heimliche Exerzierübungen unter seiner Anleitung im Bauernstall und das stakkatoartige Wiederholen von Führeraussprüchen sind Teil der Familienerzählungen, ebenso sein Denunzieren letzter, noch nicht einberufener Bauernsöhne, sein Anzeigen von Privatpersonen nach verbaler Kritik an „Führer, Reich und Vaterland“ und seine bedingungslose Liebe zu Adolf Hitler. Der Melbinger, das ist ein echter Nazi, höre ich immer wieder. Ich blättere im Fotoalbum, wieder der deutsche Gruß, wieder mit Hitlerbärtchen, eine peinliche Kopie von Rasur, Frisur und Haltung. Hans beim Reichsparteitag in Nürnberg 1936 ganz nahe am Führerkonvoi, bei Aufmärschen unter der Hakenkreuzfahne. Sein Sohn, der kleine Hans, als Pimpf später bei der Hitlerjugend.

Brief zur Strafakte Johann Melbinger
Wir konnten über Ihren Großonkel Johann Melbinger einen umfangreichen Strafakt (LG Klagenfurt, Strafakten, Sch. 227, Zl. Vr-1514-46) finden, der ausführlichst mit vielen Dokumenten bis in die 1930er Jahre zurück das politische Engagement als illegaler SA-Sturmführer dokumentiert. Sie können diesen Akt ohne jede Einschränkung (auch hinsichtlich ev. Kopien) jederzeit im Landesarchiv einsehen und benutzen. Unter den mehr als 200 Aktenblättern sind natürlich viele, die nur rein formale Verwaltungsstücke sind und zur Sache wenig aussagen. Es wäre daher am besten, wenn Sie selbst den Akt einmal in Ruhe durchblättern und jene Teile bestimmen, von denen Sie für eine ruhige Lektüre und Durcharbeitung Kopien haben möchten.

Ich sitze wieder im Kärntner Landesarchiv. Dieses Mal lese ich keine Euthanasieakte, sondern studiere die Strafakte meines Großonkels. (2013 ist mir dies als Privatperson und Angehöriger noch erlaubt, 2020 nach einer Gesetzesänderung nicht mehr.) Eine umfangreiche Aktenübersicht von insgesamt 73 Dokumenten: Anzeigen, Leumundsschreiben, Stellungnahmen des Pflichtverteidigers, Vernehmungsprotokolle über viele Seiten, Anklageschrift und Beweismittel, das Beratungsprotokoll des Gerichtes. Vorgeworfen wird meinem Großonkel: die Beteiligung an einem Sprengstoffanschlag, das Abbrennen von Hakenkreuzen aus mit Benzin durchtränkten Sägespänen und die Anwesenheit bei Demonstrationen. Der Verdacht der Beteiligung an Putschversuchen ist ebenso dokumentiert wie seine radikale Gefolgstreue. Geboren 1898, 1914 bis 1918 Soldat im Ersten Weltkrieg. Parteimitglied ab 1930, ab 1932 Gemeinderat, 1934 Flucht ins „Altreich" über Jugoslawien, 1938 Heimkehr als „alter Kämpfer", ab 1940 SA-Obersturmführer. Erst gegen Ende des Krieges Einberufung zum Stellungsbau in der Slowakei, später in Oberitalien. Anklage wegen Hochverrats. Verurteilung zu Kerkerhaft und Verfall des gesamten Vermögens. Die Internierungshaft wird eingerechnet.

Großonkel Hans bleibt bis Dezember 1946 in Haft in Wolfsberg, wird dann überstellt ins Straflager Weißenstein bei Villach und schließlich im

Februar 1947 enthaftet. Die Familie darf zur Miete im ehemals eigenen Haus in der Erdmannsiedlung bleiben. Der Verfall des Vermögens wird später zurückgenommen, die Familie erhält das Haus wieder zurück. Ein Gnadengesuch an den Bundespräsidenten findet sich in der Akte, und im Jahr 1957 erfolgt schließlich die Amnestie.

Ein Brief von Tante Resi in der dicken Akte: Sie bittet die englische Lagerleitung um vorzeitige Entlassung ihres Mannes aus der Lagerhaft. Sie habe Krebs – ein ärztliches Attest liegt bei –, ihr Mann sei in Haft, sie habe kein Geld, bringe sich nur mit Gelegenheitsarbeiten durch und, noch schlimmer, ihr einziger Sohn Hans sei noch immer irgendwo in Russland in Kriegsgefangenschaft.

Schließlich kommt ihr Mann heim. Nun hat er nicht mehr das Buch „Mein Kampf" unter dem Arm, sondern die Bibel. Er wird fanatischer Katholik, hat seinen Stammplatz in der Döbriacher Dorfkirche, singt laut, betet vor und liest die Fürbitten, leitet Bibelrunden, wird zum Bibelforscher. Ich denke an Thomas Bernhard und den von ihm so eindrücklich beschriebenen übergangslosen Wechsel vom Nationalsozialismus zum Katholizismus.

Nach der Kirche geht Großonkel Hans heim zu seinen Briefmarken und den dicken Alben mit dem Schwerpunkt Marken des Deutschen Reiches. Zehnerblöcke, Viererblöcke der Hitlerkopfmarken, Ersttagsstempel des Naziregimes lagern nun neben den alten Fotoalben. Kurz nach der Hochzeit meiner Eltern verstirbt Hans an Lungenkrebs, sein Sohn Hans, erst 1950 mit fünfundzwanzig Jahren als einer der letzten aus der russischen Gefangenschaft heimgekehrt, arbeitet nun auch im Werk. Über das Erlebte spricht er nicht, es wird überhaupt nicht über die Jahre des Hitlerregimes gesprochen, weder über die Enttäuschung noch über Traumata, geschweige denn über die Schuld. Die Fotoalben liegen laut schweigend über Jahre im Wohnzimmerschrank meiner Mutter, jetzt bei mir.

Hans junior trinkt viel, macht Karriere im Werk. Mit seinem weißen Peugeot prallt er eines Nachts ungebremst gegen den einzigen Baum auf dem Weg zur Erdmannsiedlung. Vermeintlich nur betrunken kommt er ins Krankenhaus Spittal und verblutet an einer nicht erkannten Milzruptur.

Tante Resis Verlustliste ist lang, Bruder und Vater 1918, der Mann 1960, die Mutter 1964 und 1972 der einzige Sohn, im Jahr 1979 der Ersatzsohn, mein Vater.

Johann Melbinger, mein Großonkel Hans, sitzt 1946 im Camp-Kino in einer der Baracken im Entnazifizierungslager Wolfsberg. Auf dem Programm steht der Film „Todesmühlen". Sein Nachbar zischt ihm zu, dass es sich um einen üblen Propagandafilm der Engländer handle, nichts in dem Film entspreche der Wahrheit. Hans sieht die ersten Bilder von der Befreiung der Konzentrationslager Dachau, Auschwitz und Mauthausen ..., er sieht die Folterkammern, die Berge von Zahngold und Haaren und Leichen, verhungerte, verbrannte, erschossene, vergaste, vergiftete Menschen, sieht die Gaskammern, die Massengräber und Verbrennungsöfen. Einige Zuschauer hüsteln betroffen, andere kichern, einige schweigen entsetzt, andere verlassen würgend den Raum, viele schütteln den Kopf, aber nicht vor Bestürzung und Scham, sondern vor Empörung, dass ihnen diese Propaganda zugemutet werde. Geschickt gemacht, raunt der andere Sitznachbar. Das seien alles Inder, denen es unter der englischen Herrschaft schlecht gehe, das könne man doch an den Gesichtern erkennen. Ganz vorne sitzt auch Dr. Oskar Kauffmann, SS-Standartenführer und hoher Funktionär, später Landesärztekammerpräsident, dem hat die englische Leitung nach demokratischer Wahl durch die Internierten die interne Organisation des Lagers übertragen, neben ihm Dr. Ramsauer, NSDAP-Mitglied, SS-Hauptsturmführer, Lagerarzt in Loibl, Dachau und Mauthausen. Viele andere Nationalsozialisten trifft Hans, lernt sie kennen, in den Werkstätten, bei den Freizeit- und Kulturaktivitäten, in der Bibliothek, bei den Vorträgen, und stolz trägt er bei der Entlassung das Wolfsberger Edelweiß, eine aus Stacheldraht geformte Blüte, am Revers. Diese zeigt mir später einmal Tante Resi, von ihr sicher aufbewahrt in einer Kaffeedose voller Erinnerungsstücke.

Wieder und wieder höre ich in meiner Familie die Geschichte mit den Indern, immer wieder werden die Kriegsverbrechen geleugnet oder verschwiegen.

Das Wasser

Ich sehe Oma und Opa beim Start zu einer ihrer letzten gemeinsamen Fahrten mit dem KTM Pony in der Hauseinfahrt. Oma, immer leicht übergewichtig im beigen Mantel, ein dickes Tuch um den Kopf gewickelt, sitzt schon auf dem Sozius. Opa, sehr dünn, im Alter oft etwas schwankend und gehunsicher, tritt den Kickstarter, der Motor heult auf, Opa sitzt auf, winkend und schlingernd fahren sie los, Opa sucht den nächsten Gang, wieder heult der Motor auf, belustigt und besorgt sind unsere Blicke. Bald darauf verkauft Opa das Gefährt. Er steigt aufs Fahrrad um, fährt damit noch viele Jahre, fühlt sich auf dem Rad oft besser im Gleichgewicht als mit den Füßen auf dem Boden und stellt das Radl schließlich mit hundertzwei das letzte Mal in die Garage. Oma verstirbt im Jahr 1996 zu Hause im Wohnzimmer an einem Schlaganfall.

Ein Figurenensemble im Wohnzimmerschrank von Oma und Opa taucht aus meiner Erinnerung auf, der Esel mit je einem Wasserkrug seitlich am Sattel und der Brunnen aus Holz mit einem Wassereimer an einem Faden, wohl hunderte Male lasse ich den Eimer am Spielzeugbrunnen hinunter und schöpfe Wasser aus der vermeintlichen Tiefe.

Opa zeigt uns stolz die mit Honig gefüllte Badewanne anlässlich eines ungewöhnlich ergiebigen Honigjahres, mit einem großen Löffel taucht er in die dickflüssige Masse ein und nimmt den Mund voll Honig, goldgelb. Bis ins hohe Alter lutscht er Würfelzucker.

Wir sitzen im blauen VW Käfer meines Vaters. Der rechte Vordersitz ist ausgebaut. Opa und Oma haben viele Jahre lang eine Ziege, oft mit Zicklein. Die Ziege wird im Frühling auf die Alm in die Innerkrems gebracht. Sie verträgt die lange Autofahrt schlecht, meckert verzweifelt, rülpst und legt sich schließlich resigniert mit leeren eckigen Augen auf den Filz unter sich. Opa braucht sein Leben lang Ziegen, er sehnt sich nach seiner Ziege, sie ist das Argument des vorzeitigen Aufbruchs von Familienfesten, sie erinnert an die Wärme im Stall, sie gibt die Milch, die ihn als Kind überleben lässt, die ich aber, egal, ob warm oder kalt, nicht trinken kann. Opa schöpft die Rahmhaut aus dem Krug und schlabbert sie geräuschvoll ein, während es mich würgt, die Haut, vielleicht Rahm, vielleicht Schleimhaut, abgeblättert von der Innenseite des Euters.

Von 1979 bis 1982 ist Opa, nach dem Tod meines Vaters, mein Vormund. Argwöhnisch beäugt er die Cannabispflanzen auf der Terrasse meiner Mutter. Jahrzehnte später sitzt Opa im Wartesaal der Schrittmacherambulanz, wartet geduldig auf den Arzt. und überzeugt ihn schmunzelnd davon, dass sich auch bei einem Hundertjährigen noch eine neue Batterie auszahlt. Die Unterlider lässt er sich straffen, weil die Augen beim Lesen mit der Lupe rinnen und jucken. Er liegt zuletzt auf der Küchenbank auf einem Schaffell und schläft in den Tag hinein, versorgt von seinen Kindern, den Nachbarn und der Hauskrankenhilfe, stürzt in der Badewanne, muss genäht werden und verstirbt schließlich in einem Pflegeheim, wo er die letzten zwei Wochen seines Lebens in einem Dämmerzustand verbringt.

Ich betrachte ein Foto von Opa. Anfang der 1960er Jahre bauen er und seine Söhne ein Haus auf einem Grundstück, das Opa der Pfarre abkauft. Es ist Schwemmland der Drau, eine neue Siedlung entsteht. Das Haus wird über Jahrzehnte das Ziel unzähliger Familientreffen. Es ist nur zum Teil unterkellert, der Grundwasserspiegel ist hoch. Zweimal gibt es Hochwasser in den 1960er Jahren, das ganze Tal ist überflutet. Das Wasser im Parterre steht 30 Zentimeter hoch. Opa sitzt abgekämpft und erschöpft mit Schwimmweste in einem Militärschlauchboot, mit dem er die Nachbarschaft mit Lebensmitteln versorgt.

Das Fest

Knapp vier Jahre vor Opas Tod gibt es das große Fest zum hundertsten Geburtstag, die ganze Großfamilie ist versammelt. Opa, in einem hellen, graugrünen Leinenanzug und beigem, breitkrempigen Hut, sieht aus wie ein Kolonialherr. Er lässt sich feiern, denkt zurück an die Wespenkeusche, an die harte Zeit noch vor dem Krieg, an den Krieg und seine Schüsse auf die amerikanischen Heckenschützen, an die tödlichen Schüsse eines anderen auf den Gendarmen beim Juliputsch 1934, an die Depressionen seiner Frau, an den Brand im Heraklithwerk, an die Bienen und die Hochwasser, die zweimal das Haus überfluten, und an seinen Sohn, meinen Vater, an dessen Stelle ich am 8.12.2009 eine Ansprache halte.

Liebe Verwandte, liebe Familie Oberlerchner, lieber Opa!
Wir alle sind heute Zeugen eines wahrlich historischen Momentes, eines besonderen Ereignisses: Unser Opa ist 100 Jahre alt. Nun könnte man sagen, dass sei ja nichts Besonderes, schließlich gibt es einige hundert Hundertjährige in Österreich und weltweit sehr viele und doch ist es etwas Außergewöhnliches.
Ich will vorerst nur die zeitliche Dimension nennen: Opa hat 1.200 Monate, 36.500 Tage, nein falsch – zählt man die Schaltjahre hinzu, sind es gar 36.525 Tage – erlebt, das sind wiederum 876.000 Stunden oder ganze 52.560.000 Minuten oder 3 Milliarden 153 Millionen 600 Tausend kostbare Augenblicke. Noch deutlicher wird diese historische Dimension und die unglaubliche körperliche Leistung, wenn man bedenkt, dass Opas Herz in seinem Leben ganze 4 Milliarden 204 Millionen 800 Tausend Mal geschlagen hat und dabei hat sein Herz – rechnet man 70 Milliliter pro Herzschlag – ein Blutvolumen befördert von 29 Millionen 433.600 Liter, das sind 981 Tankwagen voll.
Rechnet man, dass ein Mensch durchschnittlich vom Baby bis zum hohen Alter 1 Liter Wasser pro Tag zu sich nimmt, dann hat

Opa 36,5 Hektoliter Wasser getrunken, das ist wiederum mehr als ein ganzer Tankwagen voll. Wie viele Schritte ein Mensch pro Tag macht, also Kilometer zurücklegt, hängt von vielen Faktoren ab. Wir können davon ausgehen, dass der Durchschnittsmensch 3–4 Kilometer pro Tag geht. Für Opa – immer in Bewegung und aktiv – werden wir mindestens 5 Kilometer, das sind 8.000 Schritte pro Tag, berechnen müssen, sodass Opa im Laufe seines Lebens zu Fuß 182.625 Kilometer zurückgelegt haben dürfte, er ist also viereinhalb Mal entlang des Äquators um die ganze Welt gegangen. Man könnte diese Reihen, diese Zahlenspiele endlos fortsetzen, berechnen, wie viel Luft Opa verbraucht hat, wie viele LKW-Ladungen Sterz er gegessen hat, aber all das bildet nur die körperliche Dimension ab.

Die seelische Dimension unseres Daseins ist viel individueller, schwerer messbar, denn wer weiß, wie oft wir pro Tag lachen, wie viele Tränen wir im Lauf des Lebens vergießen, wie oft Opa traurig war, wie oft glücklich, wie oft verärgert, wie oft unbeschwert. Wie viele Gedanken er sich machte.

Der 8.2.2009 ist also ein historisch bedeutsamer Tag. Aber auch der 8.2.1909 war ein historischer Tag. Was denn alles so passiert am Tag der Geburt unseres Opas, am 8.2.1909, das erfahren wir aus der Zeitung. Die Kärnten-Ausgabe der Kleinen Zeitung gibt es erst ab 1937, aber die Steiermark-Ausgabe gibt es bereits damals im Jahr 1909. Es handelt sich um ein täglich erscheinendes Zwei-Heller-Blatt, geschrieben in Kurrent-Schrift mit einem Gesamtumfang von acht Seiten. Es wird von der Verletzung eines Straßenkehrers durch einen Hufschlag in der Elisabethstraße berichtet, von einem Feueralarm in Eggenberg durch ein in Brand geratenes Kistchen mit Asche, von einem gefundenen silbernen Halsband und einem verloren Brillantohrring. Aus Spanien wird von einem Findling berichtet, der aus einem Waisenhaus von armen Fischern adoptiert wird und als 18-Jähriger nun erfährt, dass er von seiner reichen in Amerika verstorbenen Mutter ein Vermögen geerbt hat.

So gibt es damals wie heute an diesen zwei Tagen, zwischen denen 100 Jahre liegen, Freud und Leid, Verlust und Gewinn, Glück und Unglück und du, Opa hast 100 Jahre davon erlebt. Für einen solchen, wohl glücklichen Moment in deinem Leben möchte ich mich ganz besonders bei dir bedanken, denn irgendwann im Frühling 1936 hast du meinen Vater gezeugt, der wiederum irgendwann im Spätsommer 1963 mich gezeugt hat. Ich bedanke mich, dass du mitgeholfen hast, dass ich auf dieser Welt bin, diese so vielfältige Welt erleben und heute mit dir diesen wahrlich historischen Tag verbringen darf.

Der Urvater

Wenige Jahre später treffen wir uns am Friedhof. Onkel Fritz hat vom Bestatter die Urne mit Opas Asche übergeben bekommen. Meine Söhne dürfen die Urne ihres Urgroßvaters jeweils kurz tragen, ein Moment unglaublicher Symbolik und Intensität. Wir tragen die Urne zum Grab, stellen sie neben Omas Urne. Ein Hubschrauber landet in der Nähe, ich versuche ihn mit lauter Stimme zu übertönen und halte die Grabrede, um die mich Fritz gebeten hat.

Drei Begräbnisse habe ich in den letzten Wochen rasch hintereinander besuchen, von drei Todesfällen erfahren müssen. Zuerst fällt mein Jugendfreund aus einem Hotelzimmer in Wien, ein unglaublich tragischer Unfall, der einen Menschen völlig unvorbereitet und schlagartig trifft, dann der Tod eines befreundeten Psychologen, der nach langem Leidensweg, nach mehreren Chemotherapien und Bestrahlungen an einer die körperlichen und seelischen Kräfte auszehrenden Krebserkrankung stirbt und den wir am Montag zu Grabe getragen haben, und schließlich Opas Tod, den wir natürlich alle erwarteten, mit dem wir rechnen mussten, der uns aber trotzdem alle schmerzt.

Und natürlich ist auch dieser Tod unseres Opas ein großer Verlust und stellt uns vor die Frage, was nach dem Tod sein wird, was mit uns – denn die Tatsache, dass wir alle einmal sterben müssen, ist unbestritten – nach dem Tod sein wird, warum es so unterschiedliche Schicksale gibt, warum jemand verunglückt, warum jemand so lange leiden muss und warum jemand nach äußerst befriedigendem Leben so alt werden darf. Diese großen Rätsel der Menschheit hat noch niemand befriedigend beantworten können, und es wird uns auch heute nicht gelingen, eine Antwort zu finden.

Man muss sich vorstellen, welch außergewöhnliches Schicksalsglück Opa haben durfte, er hat nicht nur diese schwere Kindheit voller Entbehrung überlebt, die Lebenserwartung eines neugeborenen Kindes seines Jahrganges war damals 43 Jahre, er hatte keine schweren Unfälle, keine lebensbedrohlichen Erkrankungen, den Krieg überlebt, waghalsige Mopedfahrten über den Glanz und vieles mehr ... Aber nicht alles ist mit Veranlagung zu erklären, obwohl diese Familie Oberlerchner offensichtlich mit guten Genen gesegnet zu sein scheint, vieles hat Opa wohl auch – psychologisch gesehen – einfach bewusst oder unbewusst richtig gemacht, er hat sich auch durch seine besondere Lebensweise gesund erhalten: Kein Alkohol, kaum Nikotin, lebenslange Neu- und Wissbegier, Geduld und Ausdauer zum Beispiel beim Teppichknüpfen und Holzkettenschnitzen. Gute soziale Einbettung und Engagement für die Allgemeinheit. Ich denke an den Wasserleitungsbau in Ferndorf, an die Wanderwegreinigung rund um den Egelsee, an seine allseits bekannte Hilfsbereitschaft. Disziplin und Regelmäßigkeit in der Lebensführung und seine grundsätzliche positive Lebenseinstellung, nicht im Negativen und Belastenden grüblerisch verharren und stagnieren, sondern sich immer gezielt dem Positiven und Belebenden zuwenden – diesbezüglich musste Opa wohl oft ganz bewusst eine Gegenposition zur depressiven Oma einnehmen. So hat er sich wohl auch selbst dieses lange und sinnerfüllte Leben geschenkt.

Was allein sein Körper in diesen 103 Jahren Unglaubliches geleistet hat, habe ich damals bei der Familienfeier zum 100. Geburtstag bereits erwähnt. Hier die aktuelle Hochrechnung: 103 Jahre sind 37.620 Lebenstage, das sind 3 Milliarden 250 Millionen kostbare Augenblicke und jeder von uns hat mit Opa wertvolle Momente und Erlebnisse teilen dürfen, das sind heute seine Abschiedsgeschenke an uns.

Sein Herz pumpte ungefähr 1.000 Tankwagen voll Blut und er ging, geht man von durchschnittlich 5 Kilometern Wegstrecke pro Tag aus, ungefähr viereinhalb Mal entlang des Äquators rund um die Welt. Und was er alles erlebte in all diesen Jahren, die noch autolose Zeit, den Besuch des echten Kaisers in Millstatt, das Elend der Vor- und

Kriegszeit, Überschwemmungen im Drautal, den Tod eines Sohnes, einer Enkelin ...
Frage ich meine Söhne, was sie bei Opa am meisten beeindruckt, meint Timon spontan: sein langer Bart. Der ist ja wirklich beindruckend und lässt an Abraham und Moses erinnern. Er ist nicht nur Vater und Großvater, sondern Urvater und wie viele Menschen von ihm und Oma den Ausgang nehmen, ist eindrucksvoll beim 100er zu sehen: Kinder, Enkelkinder, Urenkel und bereits Ururenkel. Das bedeutet viel, einen solchen Ahnherrn zu haben, vor allem mir, als doch schon früh vaterlos aufgewachsenen Menschen, haben die alten Väter viel Kraft gegeben: Opapa, Vati und Opa.
Mein älterer Sohn meint, dass ihn das Alter am meisten beeindruckt: 103 Jahre. Durch sein hohes Alter in dieser Qualität hat er uns alle getröstet: Der eigene Tod liegt noch in ferner Zukunft, denn bis zum 103. Geburtstag haben wir alle noch viel, viel Zeit, die jeder von uns auf seine besondere Art nutzen können wird, vielleicht auch so, wie Opa seine Zeit nutzte.
Zuletzt möchte ich aber auch die Gelegenheit nutzen, mich bei Fritz zu bedanken, der es Opa so lange Zeit ermöglicht hat, in dieser Qualität zu Hause zu sein und der ihn so aufopferungsbereit während der letzten Jahre begleitet und so mir und uns allen diese Verantwortung abgenommen hat.

Die Zellen

Oma und Opa ziehen in den 1950er Jahren mit ihren sechs Kindern in eine Baracke, die für Arbeiter des Magnesitwerks gebaut wird. Zwei kleine Zimmer, in der Nähe ein Stall, Ziegen und Schafe. Der Auszug der ältesten Tochter, meiner Tante Ehrenfriede, steht bevor, mein Vater bekommt eine Lehrstelle als Schlosser angeboten, wird zu seiner Tante Theresia, später ins Burschenhaus nach Radenthein ziehen und lernt drei Jahre später seine zukünftige Frau, meine Mutter, kennen. Ehrenfriede bekommt eine Stelle als Haushälterin bei einer wohlhabenden Familie in der Schweiz und ist bald über mehrere Monate weg. Die Familienbande lockern sich, bis zuletzt schlafen die Kinder, nun schon Jugendliche, gemeinsam in den drei Betten. Nun erste Abschiede.

Oma wird depressiv. Das hintere Zimmer mit dem Ehebett und den jetzt nur mehr zwei Couchen für die Kinder ist seit Wochen verdunkelt, die Vorhänge sind zugezogen. Oma verlässt diesen Raum kaum noch. Am Morgen schleppt sie sich in die Küche, richtet den Kindern das Frühstück, alles andere macht das Nannele, die Cousine, die den Auftrag hat, Oma zu unterstützen, aber vor allem zu verhindern, dass sie sich suizidiert, dem Sog zum Wasser nachgibt. Das letzte Kind darf die Wohnung erst verlassen, wenn sie da ist, so der strenge Auftrag vom Vater. Denn einmal ist sie schon nahe der Drau. Opa hat Frühschicht, am frühen Nachmittag kommt er zurück, geht noch zu Nachbarn arbeiten, um das karge Familieneinkommen aufzubessern. Oma liegt da schon wieder im Bett oder sitzt still in der Küche, redet kaum mehr, Besuche erträgt sie nicht, alles ist ihr zu viel. Wenn Opa nach Haus kommt, richtet er mit Oma das Abendessen, das Nannele darf gehen, langsam kommen die Kinder zurück, von der Schule, der Lehre, von Freunden, und eine fehlt bereits, Ehrenfriede ist schon in der Schweiz. Oma schläft schlecht, Opa sperrt die Haustür zu, denn sie sitzt oft schon um vier Uhr in der dunklen Küche und starrt aus dem Fenster.

Sie holen den Arzt des Dorfes, Dr. Winkler. Der setzt sich zu Oma ans Bett und redet mit ihr, hält auch tröstend ihre Hand, wenn er merkt, dass es so drückt hinter dem Brustbein, dass kein Wort mehr kommen kann, die Tränen nicht fließen wollen, Oma ganz unerreichbar wirkt, oft deutet sie nur mit den Fingern auf den Kopf und das Herz und sieht ihn mit flehenden, saugenden oder ausdruckslosen Augen an. An den hängenden Oberlidern, dem starren, leeren, mitunter ängstlichen Blick erkennt der erfahrene Hausarzt die Not. An die Psychiatrie will sie nicht, wenn darauf die Sprache kommt, erinnert sich Oma an ihren Vater, an die Erzählungen von Tötungen erst vor wenigen Jahren, und dann rafft sie sich auf, stopft die Socken und näht die zerrissenen Hosen der Söhne. Sie ist immer voll Sorge, Sohn Fritz hat bereits ein Moped, Reinhold, mein Vater, kommt nur am Wochenende, und sie freut sich kaum ersichtlich über die Briefe aus der Schweiz, ist zu eingemauert, um sie zu lesen, trägt sie aber in der Schürzentasche mit sich herum.

Wieder Verzweiflung, Oma geht die ganze Nacht in der Küche auf und ab, starrt vor sich hin, murmelt, trippelt am Stand und kann nur flüstern, mit heiserer Stimme kurze, erschöpfte Antworten, es gehe ihr schlecht, sie wolle und könne nicht mehr.

Wieder kommt Dr. Winkler. Er erzählt nun von einer Therapiemöglichkeit, die bei verschiedensten Erkrankungen schon vielen Menschen geholfen hätte, vielleicht auch bei Depressionen wirkt. Er erzählt von Dr. Niehans, einem deutschen Arzt und dessen Frischzellenkur, Oma kann sich auf die Ausführungen des Hausarztes nicht konzentrieren, die Stimme verweht hinter einer dunklen Wand, Opa horcht aufmerksam zu und stellt Fragen, greift nach dieser Gelegenheit, ist er doch selber von dem monatelangen Ausnahmezustand seiner Frau zermürbt und entkräftet, und die ständigen Sorgen haben auch ihn ausgehöhlt. Er nimmt seiner entscheidungsunfähigen und abwesend wirkenden Frau die Entscheidung ab. Zellen von ungeborenen Schafen sollen Oma in den Muskel gespritzt werden. Das kostet viel Geld, Opa kann die Summe nicht aufbringen, aber er wird den Arzt mit Holz für den Winter versorgen.

Die Schafe

Opa und sein Sohn Fritz sollen zum Stall kommen. Das Schaf sei nun im richtigen Stadium trächtig, der Tierarzt hätte auch abgeklärt, ob es irgendwelche Infektionserkrankungen habe. Die Laborwerte seien alle negativ, das Schaf gesund, es könne sogar eine Zwillingsträchtigkeit vorliegen, vermutet der Tierarzt. Dr. Winkler schaut sich die Laborergebnisse noch einmal an, keine Brucellose, keine Salmonellen, Listerien und Leptospiren negativ, keine Toxoplasmose, die Tuberkulinprobe ist auch negativ.

Gemeinsam treiben sie das Schaf zum Fleischhauer in der Mitte des Dorfes. Opa beruhigt das etwas irritierte Tier und redet ihm gut zu. Fritz führt es am Strick. Im Schlachtraum wird das Schaf durch einen kräftigen Schlag mit einem großen Holzhammer auf den Kopf betäubt. An einem Fuß wird es aufgehängt und hochgezogen, die Halsschlagadern werden durchschnitten, dann der Kopf abgetrennt, das Blut abgelassen. Der Bauchraum wird durch einen schnellen Schnitt mit dem Messer eröffnet. Zwei Föten in getrennten Eihäuten, zwei Fruchtkuchen, zwei Nabelschnüre, hören Vater und Sohn, die begeisterte Stimme des Arztes. Ein Fötus im erhaltenen Eisack wird auf den sorgfältig gereinigten Blechtisch gelegt, den Dr. Winkler mitgebracht hat, darüber ein steriles Tuch. Er zieht sich nun Handschuhe an, trägt Mundschutz, richtet Blechschalen her und eröffnet mit einem sterilen Messer die Eihaut, ein weiblicher Fötus flutscht heraus, noch eine träge Bewegung, dann Ruhe. Mit einem scharfen Messer wird der Fötus nun zerlegt, Dr. Winkler wechselt oft das Besteck, entnimmt dem Tier verschiedene Organe, die Leber, die Thymusdrüse, das Herz und die Eierstöcke. Die Organe, auch die Plazenta werden mit einer Schere zerschnitten, dann mit dem von Dr. Niehans erfundenen Spezialmesser zerkleinert, bis ein dickflüssiger Fleischbrei übrigbleibt. Noch einmal wird alles durch ein Sieb gepresst, mit steriler Kochsalzlösung versetzt und zuletzt mit einer Spritze aufgezogen, mehrmals geschwenkt. Vier Spritzen für die vier verschiedenen

Organe. Dr. Winkler erklärt jeden Schritt dieses routiniert wirkenden Vorganges genau, erinnert sich Fritz, schnell arbeitet er und routiniert.

Oma liegt schon im Bett im Schlafzimmer und erwartet den Arzt. Nicht mehr als 45 Minuten dürfen zwischen der Entnahme des Schaffötus, dem Herstellen des Zellbreis und den Injektionen vergehen, sonst zersetzen sich die Zellen und Gifte entstehen. Dr. Winkler ist nach nur 30 Minuten bei Oma und verabreicht ihr die Frischzellenspritzen an verschiedenen Stellen tief in den Muskel, zwei links, zwei rechts. Thymus für die Lebensenergie und gegen die Erschöpfung, Ovarialzellen für die allgemeine Regeneration, die Plazenta gegen Müdigkeit und Depression nach mehreren Geburten, die Leber für die Stoffwechselsituation und gegen die Schwäche, erklärt der Arzt Oma. Die Injektionsstellen schmerzen, sie müsse sich nun sechs Tage schonen, Bettruhe, danach dürfe sie keine schwere Arbeit verrichten. Nach sechs Monaten plane er die Injektion zu wiederholen, er möchte dann auch Zellen der Nebennierenrinden verabreichen.

Und tatsächlich, Tage nach der ersten Injektion geht es Oma schon etwas besser, langsam findet sie wieder Lebensmut und Zuversicht, wird aktiver, schläft besser. Wochen nach der zweiten Kur fühlt sie sich gesund und bleibt dem Arzt ihr Leben lang dankbar, weniger für die Spritzen, als vielmehr für seine Geduld und die Hoffnung spendenden Worte.

Die restlichen Teile des ungeborenen Schafes und des zweiten Fötus werden eingefroren, getrocknet und für andere Kunden aufbewahrt. Dr. Winkler ist nun bald sehr bekannt, hat Kunden aus Wien und Italien, steht in Kontakt mit einem Sanatoriumsbetreiber in Deutschland und dem Erfinder der Frischzellenkur Dr. Niehans. Der wird bald auch Papst Pius XII. erfolgreich behandeln. Bei Oma und dem Papst hätte die Kur gewirkt, so der in der Familie immer wieder strapazierte Witz.

Das Mutterschaf wird aufbereitet, über Wochen gibt es reichlich Essen zu Hause, nur mein Vater verweigert das Schaffleisch. Vegetarier wie ich wird er aber nicht.

Endlich kehrt Tante Ehrenfriede aus der Schweiz zurück, eineinhalb Jahre ist sie dort Kindermädchen und Hausangestellte, nun lebt sie wieder in Ferndorf und wird Arztgehilfin bei Dr. Winkler. Sie fährt mit ihm zu den Schlachthöfen. Dr. Winkler verwendet nun auch Hypophysengewebe von Kälbern und experimentiert mit anderen Organteilen. Ehrenfriede stellt die Suspensionen für die Frischzellen-Kurspritzen her zur unmittelbaren, nach der Schlachtung erfolgenden Injektion, füllt aber auch die gefrorenen, getrockneten und zubereiteten Gewebeteile ab – Trockenzellen. Dann erwartet sie ihr erstes Kind und hört auf zu arbeiten.

Die Aufpasser

Johann Peball, der Vater meiner Großmutter väterlicherseits, muss auf seine eigene Mutter aufpassen, sie sei nervenkrank und schwermütig gewesen, wie der anlässlich seines Aufenthalts in der Landesirrenanstalt Klagenfurt angelegten Krankenakte zu entnehmen ist. Sie habe sich wegen der Untreue des Vaters so gegrämt. Ihr Mann, der Vater von Johann, suizidiert sich, es ziehe ihn zum Wasser, er geht in die Drau, wird in seiner Depressivität auch vom Sohn betreut und beaufsichtigt.

Johann Peball wird selbst depressiv. Seine ältesten Kinder, meine Oma und ihr Bruder, haben nach der Entlassung des Vaters aus der Psychiatrie im Jahr 1933 den Auftrag, auf ihn aufzupassen. Wiederholt äußert dieser, dass sein Leben keinen Sinn mehr habe, er allen nur zur Last falle. Er geht alleine in den Wald, einen Strick in der Hand, ein Nachbar bringt ihn ins Haus zurück. Ab jetzt wird er bewacht, die Kinder lösen sich gegenseitig ab, bewachen den Vater. Der Sohn schläft ein, der Vater verlässt leise, ohne ein Geräusch im Morgengrauen das Haus, erhängt sich an einem Baum in der Nähe. Die Kinder und die Nachbarn schwärmen wenige Stunden später aus, suchen den Vater, die älteste Tochter, meine Großmutter Josefine, findet ihn, Nachbarn holen ihn vom Baum herunter. Die Kinder sind nun Vollwaisen, die Mutter Maria stirbt 1933 einige Wochen zuvor an einem Lungenleiden, erhalten einen Vormund, der Sohn macht sich Vorwürfe, glaubt am Suizid des Vaters Schuld zu sein. Alle Kinder dieser Familie leiden an Depressionen, deren Kinder und Kindeskinder sind in Behandlung, so auch Großmutter Josefine, meine Oma.

Beim Leichenzug lernen sich Opa und Oma kennen. Josefine Peball heiratet Friedrich Oberlercher, meinen Opa. Etwa zwanzig Jahre später, man hat sich gerade entschlossen, ein Haus mitten im Drautal zu bauen, erkrankt sie an Depressionen. Ihr Mann arbeitet im nahegelegenen Werk, die Kinder sind in der Schule oder in der Lehre, die Älteste schon aus dem Haus. Der Zustand der Mutter wird schlechter, ihre Erschöpfung nimmt zu, oft verlässt sie nicht das Bett, die Kinder versorgen sich selbst. Ihr

Drang zum Suizid wird immer größer, Opa bezahlt Nannele, die Cousine, um in seiner Abwesenheit auf die Ehefrau aufzupassen. Sie bewacht sie, verhindert ihr Verlassen des Hauses. Es ziehe sie so zum Fluss, meint sie. Oma plant, sich zu ertränken, entwischt der Aufpasserin doch einmal, geht zur Drau, kehrt im letzten Moment um, watet ans Ufer zurück, Opa kommt ihr entgegen, in seiner Verzweiflung ohrfeigt er sie.

Meine Mutter liegt neben meinem Vater im Wohnzimmer auf der Couch. Ihr schwer depressiver Mann, findet im ganzen Haus keine Ruhe, kann nirgends mehr schlafen. Weder im Schlafzimmer noch im ersten Stock in den sogenannten Fremdenzimmern, die im Sommer Gästen zur Verfügung stehen. Er irrt in der Nacht durchs Haus, verdunkelt am Tag die Fenster, erträgt kein Licht, will sich vor den Blicken der Nachbarn schützen, die ihn vermeintlich im Langzeitkrankenstand beobachten und wohl auch verurteilen könnten. Er darf den Rasen nicht mähen im Krankenstand, denkt er, geht nur mit schlechtem Gewissen aus dem Haus. Im Keller findet er einen Plastikschlauch, Ersatzteil für einen Staubsauger, nimmt ihn mit in die Garage, richtet sich Draht und Zange her. Er steckt alles in den Kofferraum des Autos, fährt im Morgengrauen weg, die Rufe und das Schreien seiner Frau erreichen ihn am ersten Tag des geplanten Suizides, am nächsten Tag nicht mehr, zu weit ist das Auto schon weg, zu leise hat er sich aus den Armen seiner Frau gelöst, zu leise die Tür geschlossen, hat eine zu erschöpfte Frau überlisten können. Stunden später finden ihn Willi und Vati mit rosigem Gesicht und fast entspannt wirkend im Auto auf einer Lichtung nahe dem Haus seiner Eltern. Der Tank des Autos ist fast leer.

Im Frühling 2020 muss ich noch einmal ins Krankenhaus, der Krisenstab an der Abteilung tagt wegen einer ersten covid-positiven Patientin. Wer muss in Quarantäne, wer kann entlassen werden, wer ist nicht entlassungsfähig? Als diese Fragen geklärt sind, gehe ich durch das dunkle Stiegenhaus, es ist ruhig, alle schlafen, ich gehe auf jenen Stufen, auf denen vielleicht mein Urgroßvater vor Jahren ging, Generation um Generation von Krankenhauspersonal und die NS-Kommissionsmitglieder, die über Leben und Tod entschieden und tausende von Menschen. Ich erstelle mit

Kollegen die Suizidstatistik des Landes Kärnten, ermögliche Familien Einblicke in die Krankenakten ihrer Angehörigen, die in Schloss Hartheim vergast oder im Gaukrankenhaus getötet wurden.

Die Häufung an Depressionen und Suiziden in der Familie Peball, der Familie meiner Großmutter väterlicherseits, ist erschütternd. Von klein auf begleiten mich das Wissen und die immer wiederkehrenden Aussagen über die Neigung zur Depressivität in diesem Familienzweig. „Das liegt in der Familie", heißt es, wenn jemand besorgt, ängstlich, traurig, nachdenklich, schwernehmend oder bedrückt ist. So sind sie halt die Oberlerchner, die Peball, die vielen Suizide sind ein offenes Geheimnis.

Ein weiterer unsäglich schmerzvoller Verlust trifft die Familie im April 2024, dafür sind Worte erst im Entstehen …

Ich resümiere und forsche weiter: Keine Krankenakte von Johann Peball aus dem Jahr 1933, keine vom Urgroßvater Oberlerchner Josef in Graz 1918, lese noch einmal die Akte Peball aus dem Jahr 1923, der Suizidversuch eines Onkels wird erwähnt, dessen Schwester, fraglich, ob mit mir verwandt: Maria Müller, Magd in Stockenboi, verstorben am 21.12.1897 in der Anstalt.

Nur der Vollständigkeit halber frage ich im Landesarchiv nach. Und tatsächlich gibt es auch zu ihr eine Krankenakte im Kärntner Landesarchiv. Fünf zum Teil Jahre währende Aufenthalte bei Mania periodica sind in mehreren Bögen zusammengefasst. Zuletzt der Eintrag: *Erschöpfung, ist hochgradig abgemagert, kraftlos, hustet. Verfällt immer mehr. Exitus.*

Das Leben

Kurz nach dem Umzug 1969 liege ich im Gitterbett im Schlafzimmer meiner Eltern, ich habe gerade eine Impfung erhalten, der Oberarm schmerzt, ich kann nicht schlafen, habe wohl Fieber, dämmere vor mich hin und wache in der Nacht immer wieder auf, weine und darf schließlich zwischen den Eltern schlafen.

Später habe ich ein Zimmer im ersten Stock, aber wenn ich krank bin, darf ich zu den Eltern ins Bett. Ich habe extremes Halsweh, sodass ich kaum schlucken kann, habe hohes Fieber, einen roten Kopf. Die Mandeln seien ganz angeschwollen, stellt der nach Desinfektionsmittel riechende Arzt fest, er drückt mit einem Spatel meine Zunge nach unten. Die Lymphknoten auch, so sein Tastbefund. Er redet vom Krankenhaus und von einer Spritze, meine Mutter hält mir den Kopf ganz fest und auch die Ohren zu, ich brülle vor Angst und Schmerz und nehme so gar nicht wahr, dass der Arzt mir ein Antibiotikum in die Tonsillen verabreicht, das Fieber sinkt schnell, bald geht es mir gut.

Ich komme aber auch am Wochenende oder an Feiertagen zu meinem Vater ins Bett gekrochen. Er soll mir vom ewigen Leben erzählen. Er lacht und wiederholt: Vom ewigen Leben. Drei Geschichten vom ewigen Leben hat mein Papa zur Auswahl. Ich entscheide über die Reihenfolge der schon so oft gehörten Erzählungen aus seinem hoffentlich ewigen Leben.

Mein Vater erzählt, dass er als Kind Verstecken spielt und sich so gut und lange versteckt, dass ihn niemand findet, und als er schließlich sein Versteck verlässt, muss er feststellen, dass alle Kinder schon heimgegangen sind. Er erzählt, dass er lange sehr klein gewesen sei, man gibt schon die Hoffnung auf, dass er noch wächst, aber Opa tröstet ihn, meint, oft gäbe es Spätzünder in der Familie. Man glaubt ihm sein Alter nicht, in der Schule sei er immer der Kleinste gewesen und als er mit der Lehre beginnt, sei er wegen seines kindhaften Äußeren verlacht worden. Für die Werkbank bekommt er ein Stockerl. Dann mit fast schon siebzehn Jahren sei er in die Höhe geschossen, in einem Jahr 25 Zentimeter gewachsen und jetzt sei er 176 Zentimeter groß. Ein Mädchen gefällt ihm so gut, er schreibt ihr Briefe und erhält auch welche, sie lebt in Deutschland und kommt sogar einmal auf Besuch. Er traut sich aber nicht, sich ihr zu nähern, sie gehen wortlos spazieren, keine Berührung, kein Kuss, nur eine riesengroße Sehnsucht.

Mein Vater steht am Fenster, er wirkt müde von der Arbeit im Werk. Ich bin genervt, das Rad hat schon wieder keine Luft im Hinterreifen. Ich bitte ihn um Hilfe, er will erst später kommen und mir helfen, jetzt in Ruhe Kaffee trinken. Ich bin ungeduldig, flehe und schimpfe und beschimpfe ihn schließlich. Mein Vater stürmt aus dem Haus, packt mich am Arm und zerrt mich ins Haus. Was denn die Leute denken werden, wenn ich ihn so anschreie, so sein Vorwurf.

Wir gehen einkaufen, das Brot ist noch warm, wir warten im blauen VW Käfer auf Mama, das Brot duftet herrlich, mein Vater bricht die knusprig mehlige Kruste mit einem Krachen auf, wir essen das warme Brot, höhlen es mit dem Finger aus, genießen den Duft und die Wärme und das gemeinsame Vergehen.

Wir liegen auf der grünen Couch unter einer Decke im Sommergästezimmer im ersten Stock. Unten der neue Farbfernseher mit einer Unterhaltungsshow für meine Mutter und meine Schwester, oben ein Theaterstück mit Ossi Kollmann im alten Schwarzweißfernseher, wir lachen so laut bei einer Szene, dass Mama und Anita erstaunt hinaufkommen. Wir können uns kaum halten vor Lachen, es geht um eine Geburt und um das gemeinsame Singen eines Liedes gegen den Wehenschmerz.

Wir gehen auf der Fahrt zu Oma und Opa im Wald spazieren. Der Waldweg macht eine Biegung, da steht ein riesiger Hirsch mit mächtigem Geweih auf dem Forstweg. Regungslos. Er sieht uns an und bläht ab und zu seine Nüstern. Langsam und behäbig nach gefühlten Minuten dreht er seitlich ab und steigt in den Wald.

Ich stehe an Papas Grab, starre auf den Holzsarg mit dem Rosenbouquet in der Grube unter mir. Es ist sonnig, ein heißer Augusttag. Hinter mir meine Mutter, eine junge Witwe, meine Schwester Anita und Verwandte. Und ich nehme Peter wahr, meinen besten Freund, eben zurück aus England. Ich freue mich, gehe zu ihm, verlasse das offene Grab. Zu früh …

Ich will noch einmal Pferdchen reiten und vom Papa in den grünen Fauteuil abgeworfen werden, er meint, ich sei dafür schon zu alt. Mir rinnen die Tränen herunter, einmal noch, meint mein Vater, galoppiert mit mir auf dem Rücken durch den Vorraum und das Wohnzimmer, und ich lande juchzend im weichen Fauteuil. Zum letzten Mal.

Rexgummis werden aufgeteilt, Papa und ich erhalten je fünf. Die Litze wird auf den rechten Daumen gelegt, mit der linken Hand der Gummi gespannt. So bewaffnet, jagen wir durchs Haus, beschießen uns mit den schnalzenden Gummis. Papa hat sich hinter dem Fauteuil verschanzt, ich warte gespannt, ziele, er fährt hoch und will schießen, bekommt aber den Gummi genau auf die Stirn geknallt. Lachend lässt sich mein Vater mit dem Wort „Kopfschuss" nach hinten fallen.

Meine Eltern sitzen im verdunkelten Schlafzimmer. Ich komme verschwitzt, mit Mehl verstaubt und müde von der Frühschicht beim Bäcker und dem Semmelausführen zu den Pensionen und Hotels nach Hause. Meine Mutter hält den Rosenkranz, sie beten beide laut. Papas depressionszerfurchtes Gesicht wirkt etwas entspannter. Sie schauen nur kurz auf, beten wie in Trance. Ich schließe leise die Tür.

Der Ersatzkaffee

Ich gehe mit meinen Söhnen durch die Reihen eines Flohmarktes, Yu-Gi-Oh-Karten und Spiderman in allen Variationen sind die derzeitigen Favoriten. Wir stöbern, schauen und handeln, wir spielen das Scharfe-Augen-Spiel, wir tragen unsere Beute heim und sortieren, sichten und sammeln. Vor einem Stand bleibe ich wie angewurzelt stehen, zwischen alten Bogenschlössern und Fibeln und verstaubten Postkarten liegen ein paar Figuren: ein Krokodil und ein Dromedar in Weiß, ein roter Indianer. Ich erkenne den Schriftzug Linde, erstarre, sehe mich am Wohnzimmerboden mit meinen Prozessionen liegen, stehe wieder wie gebannt vor Omama, die mit einer Gabel eine Figur aus dem Kaffee holt, rieche Opapas Pfeife und den Ersatzkaffee, spüre den warmen Ofen.

Ich fahre zu meiner Mutter und finde eine Schachtel im Bügelraum im Keller, Indianer, Cowboys, Saurier, Engel, eine blaue Kuh, ein grüner Mickey. Die Leidenschaft erwacht zum zweiten Leben, ich beginne wieder zu sammeln, durchforste Flohmärkte und Tauschplattformen und finde eine neue Familie, Sammler von Kaffeebeigaben, eine Lindefamilie.

Lindekaffee ist ein Ersatzkaffee bestehend aus Malz, Gerste, Roggen und Zichorie. In den österreichischen Lindekaffeepackungen befinden sich in den 1950er bis 1970er Jahren verschiedene Werbebeigaben: Figuren und Spielzeug. Das ist neben Lego, Matador und Matchbox mein erstes und begehrtestes Spielzeug. Ersatzkaffee und Zusatzkaffee sind über Jahre sehr weit verbreitet. In den Packungen vieler Firmen findet man Werbebeigaben, die bekanntesten sind Linde, Titze, Korona, Reindorf, Kathreiner. Ich erinnere mich vor allem an Lindefiguren in meinem Spielzeug.

Getreidekörner, Wurzeln der Zichorie oder Feigen lassen sich rösten. Mit heißem Wasser aufgegossen, entsteht ein Getränk, das vom Geschmack her echtem Bohnenkaffee nicht unähnlich ist. Dieser ist schon immer sehr begehrt, aber auch teuer und mitunter schwer zu bekommen, sodass Ersatzkaffee (Mocca faux – Muckefuck) oder Zusatzkaffee (Kaffeewürze) insbesondere in wirtschaftlich angespannten Zeiten mit Handelsbeschränkungen (Preußische Kaffeeprohibition, Napoleonische Kontinentalsperre, Weltkriege, Importbeschränkung in der ehemaligen DDR) sehr verbreitet sind. Sehr beliebt sind in der Nachkriegszeit die Produkte der Firmen Franck und Kathreiner. Ich wachse mit Lindekaffee auf.

Die Firma Kathreiner's Malzkaffee Fabriken fusioniert 1943 nach Jahren recht heftiger Konkurrenz mit der Ludwigsburger Firma Heinrich Franck zu Franck-Kathreiner's Malzkaffee. Der Firmensitz ist Wien. Als „Franck und Kathreiner – FraKa" sind sie für die übriggebliebene Konkurrenz unschlagbar. Bekannteste Produkte sind neben dem Kneipp'schen Malzkaffee und dem Caro Landkaffee die ab 1939 vertriebenen Lindeprodukte. Die Produktion wird später von Nestlé übernommen. Lindekaffee gibt es noch immer. Kürzlich wurde das Design der Packungen wieder verändert und erscheint mir attraktiver.

Mein Sammelgebiet dehnt sich aus. Bald kommen zu den Lindefiguren Figuren anderer Kaffeefirmen, dann Werbebeigaben. Die vor Jahren noch verschmähten, beigen, einfärbigen Margarinefiguren erwecken schließlich mein Interesse. Ein deutscher Sammlerfreund gibt einen Katalog heraus, an dem ich mich orientieren kann, Päckchen wechseln die Grenze, er wird zum Lindesammler, bei mir entsteht eine neue Leidenschaft.

Eine Vorreiterrolle nimmt in den 1950er Jahren Fritz Homann („Fri Homa"), ein führender Margarinehersteller, ein. Außerdem die Figurenfirma Siku, gegründet 1921 in Lüdenscheid. Diese Firma hat viele Serien: Bauernhof, heimatliche Tiere, Landleben I und II, Bauwerke, Stadtleben mit Fahrzeugen (mit roten und schwarzen Papier- oder schwarzen Kunststoffrädern) inklusive Sammelvorlage, Flugzeuge, Sportler, Schiffe und bemalte Figuren. Ein übersichtliches und schönes Sammelgebiet, Pickerl oder Schriftzug als Kennungen.

Die einfachen, aber ausdrucksstarken Figuren erinnern an Bilder meiner Kindheit. Die in die Sonne blinzelnde Katze, der Opapa mit der Sense am Hang und beim Dengeln, Frauen mit Kopftuch beim Heumachen, ratlos wiederkäuende Kühe, Bauernhäuser, Kirchen und Fuhrwerke, Rehe und Hirsche mit Geweihen, wie im Vorraum die Trophäen des Vota, alte Menschen auf Holzbänken. Eine Figur lässt mich nicht los. Ein Holzkreuz, fast umgefallen, zwei weitere kleinere zwischen Sträuchern, im Hintergrund eine grobe Steinmauer. Hamker Margarine. Landleben. Nummer 20.

Das Rodahaus

Ich stehe vorm Rodahaus auf der frisch gemähten Rasenfläche. Ich lasse meinen Blick schweifen. Das Haus hat einen neuen gelben Anstrich bekommen, die mit Öl eingelassenen Lärchenbretter der Holzverkleidung glänzen in der Sonne, dunkelgrüne Umrahmungen der Fenster und Türen verleihen dem Haus besonderen Charme. Das Nebengebäude mit der Lattenwand gewährt einen Einblick zu sauber geschlichtetem Holz. In der ehemaligen Waschküche Blumentröge und Gartenwerkzeug, der Hasenstall, früher Saustall, ist leer, in der Garage Farbtöpfe und noch ungestrichene Fensterbalken mit herzförmiger Aussparung. Stille, der Bach rauscht.

An der Südseite sehe ich die Fliegen an der Wand wie vor vierzig Jahren, im ersten Stock das Fenster, aus dem ich das Matchboxauto werfe und wir unsere Küche und das Wohnzimmer haben, in dem später Willi mit seiner Familie lebt, das Fenster zum Kinderzimmer, in dem auch Mario, mein Cousin, schläft, wenn wir Karten spielen oder uns Kinofilme ansehen, so auch das Video, das Willi vor Jahren aufnimmt: Muata sitzt am Gartentisch, nachdenklich die Hände knetend, Mutti läuft mit einem Hasen ins Bild, er strampelt im engen Würgegriff, Vati in weißem Hemd zieht den Sohn seines Sohnes im kleinen Holzwägelchen, und dann kommt Omama ins Bild, mit Schürze und zahnlosem Kiefer lächelt sie verschmitzt in die Kamera, Opapa mit Pfeife.

Ich sitze als Siebzehnjähriger im Wohnzimmer bei Willi und Elvira, seiner Frau, war schon bei Mutti und Vati, bei Omama und Opapa, hole mir Trost in der Großfamilie nach dem Suizid meines Vaters, rauche und blase Kringel und bringe meinen Cousin Mario so zum Lachen. Ich sehe die Eltern auf der ausgezogenen Couch, mich als Kind am Weihnachtsbaum bei Mutti, als Jugendlicher die Dias von Vati sortieren und schaue durchs Fenster in die Werkstatt, die dicken Lederriemen hängen um die Wellen. Der Bach rauscht. Die Stille ist laut.

TEIL III

Missing Link

Die Suche

Ich lese das bisher Geschriebene durch, korrigiere, ergänze und formuliere um und bin immer wieder erstaunt, ob der Familiengeschichte, die nun in mir, meiner Familie und meinen Verwandten ihre Fortsetzung findet. Was ist aus Alfreds Tochter in Kanada geworden, können wir Elisabeths Spuren finden, gar weitere Verwandte finden?

Alfreds Frau Käthy schreibt im Jahr 1948 an ihre Stieftochter Ida, meine Großmutter.

263, Broadviewavenue Toronto Kanada 13. Mar. 1948
Liebe Ida!
Ich wollte dir schon längst schreiben, aber leider kam ich nicht dazu. Vor allem recht viele Grüße von uns allen und ich danke auch für deinen lieben Brief, das am 28. Februar ankam. Wie ich las, habt ihr auch ein schönes Weihnachtsfest gehabt, es freute Papa und mich, dass du nicht so arm verhanden bist, wie viel andere.
Wir haben euch ein Paket am 20. Januar aufgegeben, es enthielt eine Pfund Chokolade, BonBons, Sacharin, Zuker, Kaffee. Ein Hempt, eine schwarze Schose (skirt) für dich, einen weißen Sweater. Eine Unterhose für dich und eines für Renate. Ein paar Socken, 2 paar Strümpfe, roten wollenen Stoff für Renate, vielleicht kannst du ihr etwas Warmes machen. Ich habe den roten Zwirn vergessen hinein zu tun und ein Ball für Renate zum Spielen. Leider kam dein Brief ein paar Tage später an, sonst hätte ich gerne die Sachen mit hinein getan, was du dir gewünscht hast. Aber, liebes Kind, du wirst es alles im nächsten Paket bekommen. Was ist jetzt mit deinem Fußmaß? Wenn du die Schuhe nicht gebrauchen kannst, so will ich sie jemandem anderen senden. Ich habe zwei Paar hier, 36 und 38 und 34 Maß. Ich hab vergessen zu erwähnen, dass auch ein Stück Seife dabei ist.

Wir halten monatlich Tänze hier und das ganze Geld geht nach Deutsch-Österreich für die Armen, was keine Verwandten hier oder in den Vereinigten Staaten haben. Wir haben schon paar tausend Dollar wert Kleider und Lebensmittel geschickt.
Dein Papa ist immer sehr beschäftigt und du musst mit meine Correspondenz zufrieden sein. Du musst bedenken, er fängt morgens um 8:30 an und arbeitet durch bis Mitternacht – und oftmals bis ein Uhr. Er hat viel Buchführung zu tun nachts. Körperlich ist es nicht schwer, aber geistlich.
Für heute werde ich schließen, aber ich werde mehr schreiben. Momentan gab es viel zu tun. Ich werde es dir alles im nächsten Brief schreiben.
Papa und ich lassen dir und deinen Mann und Kind herzlich grüßen. Grüße und Küsse von deine Mama Käthy
Ich habe ein Foto von Elisabeth und kleine Bilder beigelegt. Das Kleid, das Elisabeth anhat, habe ich selbst genäht.

Ich betrachte das Foto von Alfred, Käthy und Elisabeth. An welchem Punkt hören Recherchen auf, wann gibt es ein Ende? Sind die Nachforschungen nichts anderes als ein Ersatz für die Gespräche, die man noch gerne geführt hätte mit jenen, die schon verstorben sind, zu früh gestorben sind, zu einem Zeitpunkt, als das Schweigen noch leiser war, noch nicht laut genug, um Fragen zu stellen? Dehnt sich meine Sammelleidenschaft auch auf die Details in der Familiengeschichte aus, sammle ich Erinnerungen, Bilder und Eindrücke aus meiner, aus der Geschichte der Ahnen? Wie die Lindetiere stelle ich nun meine Vorfahren zu Prozessionen auf, ordne und sortiere und reihe mich ein. Die Saurier entsprechen den Archetypen, die Engel mit ihren gen Himmel gerichteten Augen und den Engelszungen denen, die das Schweigen perpetuieren wollen. Es gibt mutige Löwen in mir, alles überblickende Giraffen, scheue Waldbewohner, ich habe es mit Krokodilen zu tun und bin wohl selber auch oft eines.

Alfreds Nachfahren leben in Kärnten und vielleicht in Kanada. Ich bin Sohn, Enkel, Großenkel, Urgroßenkel und habe alle in mir, die blutsverwandten und geistesverwandten Vorfahren …

Über die Briefe komme ich zur Adresse von Alfreds, Käthys und Elisabeths Haus in Kanada. Ich stehe virtuell über Google Earth vor dem einstöckigen Haus in Toronto. Die große Fichte verstellt den Blick auf die Veranda und die Eingangstür, ich manövriere an ihr vorbei, ich sehe ein großes Wohnzimmerfenster, daneben eine Garage, ein schmuckes Einfamilienhaus, ein Gartenschlauch. Hinter dem Haus ein dicht bewachsener Garten. Ich stelle mir Alfred im Schaukelstuhl sitzend auf der Veranda vor, beobachte ihn beim Pflanzen des Baumes im Vorgarten.

Was weiß ich über Alfred? Geburtstag, Sterbetag, seine Adressen, seine Arbeitsplätze, die Daten seiner Frau und die spärlichen Angaben über seine Tochter Elisabeth. Verschiedene Agenturen und Gesellschaften antworten auf meine Suchanfrage nicht oder lehnen sie ab. Dann eine Zusage, eine nach Kanada ausgewanderte Deutsche sagt Recherchen zu und macht sich an die Arbeit, erste Hinweise auf die Geschwister Käthys treffen ein, interessante Geschichten aus der Familie, Todesanzeigen.

Ich liege im Bett, ich kann nicht schlafen, drehe mich hin und her, kurz eingeschlafen, schrecke ich immer wieder hoch. In den Traumphasen wiederholt sich quälend ein Motiv. Ich liege am Boden vor einer Prozession von Figuren. Ich suche eine Figur in einer Serie von Margarinefiguren, diese Figur ist eine besondere, ein Bindeglied, sie würde mir helfen, eine Serie zu komplettieren, aber gleichzeitig eine zweite. Diese Figur ist nämlich auch Teil einer zweiten Serie, sie ist jener Ort, an dem sich zwei Figurenserien überschneiden, wie Kettenglieder ineinandergreifen, sich kreuzen. In diese Leerstelle würde diese besondere Figur passen.

Ich wache erschöpft auf, schleppe mich in die Arbeit. Am nächsten Morgen ein Mail mit der Überschrift: *Ergebnis*. Darunter: *Hallo, Herr Oberlerchner, ich bin mir sicher die Elisabeth gefunden zu haben.*

Liz

Mein erstes Mail an Elisabeth in Toronto verfasse ich im Juli 2020 in einem noch etwas zaghaften Englisch.

> *Dear Liz!*
>
> *My name is Herwig, I am 56 years old and I live in Carinthia/Austria and we are relatives. Your father Alfred (my great-grandfather), born 31.3.1900, left Austria in 1927 and took the ship from Bremerhaven to Halifax. We received since then letters from him to the mother of his daughter Ida and later to Ida, we have also some letters of your mother and some fotos. The contact stopped after Alfred's death in December 1961. Ida's mother Katharina – Alfred's „fiancee" – died in 1985, Ida in 2008. Ida, your halfsister, had two children, my mother Renate – she is 79 – and my uncle Willi, he is 62. So you have a big family here in Carinthia. We have no contact to Alfreds other family – Mössler and Linder.*
>
> *In spring I decided after again having read the letters of your mother, to try to find you. And I was so excited and happy to read Mrs. Kaiser's mail this morning …*
>
> *Heartly Greetings!*

Liz' Antwort lässt etwas auf sich warten. Ist es irgendein Trick um an Geld zu kommen? Kann es wirklich sein, dass die Eltern ihr das ganze Leben die Familie in Österreich vorenthalten? Sie erinnert sich an ihr Gefühl des Unvollständigseins, der Depression, einer diffusen Sehnsucht. Zweimal besucht Liz mit ihrem Mann Österreich und auch Kärnten. Ihre Recherchen, fokussiert auf die Familie ihres Vaters, gehen ins Leere, Anfragen in diversen Pfarreien bringen keinen neuen Aspekt. Sie gibt schließlich auf, die Mappe mit den Dokumenten ihres Vaters wandert in den Tresor, die Briefe aus Döbriach bekommt Liz nie zu Gesicht.

Weitere Mails mit eingescannten Fotos und Briefen schaffen Vertrauen, ein zunehmend lebendiger Schriftverkehr erstreckt sich über fast zwei Jahre. Zweimal versammeln sich die neu gefunden Familien zu besonderen Anlässen im virtuellen Raum.

Ich schreibe die einzelnen Familien unserer Großfamilie per Mail an und organisiere das für den 25. Dezember 2020 geplante Familientreffen per Zoom. Ich nehme meinen Laptop und gehe zum Schreibtisch in den Wintergarten. Zwei Stühle stelle ich neben meinen, für meine Söhne. Ich verbinde das Laptop, öffne als Host den Raum um 14:50 Uhr und lasse dann nach einer vorher festgelegten Ordnung eintreten. Zwei Teilnehmer sind schon im Warteraum. Ich warte noch kurz, bis alle da sind, lasse schließlich meine Frau, meine Mutter und Willi, die im Parterre vor dem Laptop sitzen, eintreten, dann meine Schwester mit ihrem Mann und ihre drei schon erwachsenen Kinder, zuerst ihre Tochter mit Familie in der Steiermark, den zweitgeborenen Sohn mit Familie in Augsburg und den jüngsten Sohn in Wien mit seiner Freundin, schließlich als Überraschung die wiedergefundene Liz, die Tante meiner Mutter, mit ihrem Mann aus Toronto und zuletzt deren Sohn mit Familie. Ich begrüße alle, sehe sieben Bildschirme auf meinem Screen aneinandergereiht und wir stellen uns der Reihe nach vor. Wir sehen Liz das erste Mal live und auch ihren Sohn mit Familie. Wir schauen uns oft sprachlos und emotional überwältigt an. Ich staune über diese Bildschirmprozession, diese Anordnung nach Alter, Wohnort, Zusammengehörigkeit, in deren Gemeinschaft nun auch Liz strahlend mit ihrem Mann prangt.

Dasselbe Szenario wiederholt sich am 81. Geburtstag meiner Mutter, sechs Urenkel hat sie nun schon.

Toronto

Im Februar 2022 beginnt Liz über eine Verschlimmerung ihrer chronischen Schmerzen in der Lendenwirbelsäule zu klagen. Der Physiotherapeut empfiehlt eine stationäre Abklärung, was in Corona-Zeiten scheinbar nicht zu organisieren ist. Die Schmerzen nehmen zu, die Analgetika des Hausarztes wirken nicht ausreichend. Nach mehreren von extremen Schmerzen und Schlaflosigkeit gekennzeichneten Nächten befindet sich Liz im Krankenhaus in Toronto. Prompt steckt sie sich mit Corona an, noch viel schlimmer aber die Diagnose: Knochen- und Lebermetastasen bei unklarem Ersttumor. Die Mails von Liz werden seltener, sie meint, sie könne sich wegen der Nebenwirkungen der Medikamente nicht mehr konzentrieren, sehe am Handy alles verschwommen, der Kontakt reißt ab. Ich warte einige Wochen und kontaktiere dann Liz' Sohn Eric und Lenora, ihre beste Freundin. Liz sei an einer Palliativstation, eine Heilung sei ausgeschlossen. Man bereite aber zu Hause alles vor, um Liz noch Wochen in ihrer gewohnten Umgebung zu ermöglichen, ein Pflegeteam wird aufgebaut, im Zentrum der Fürsorge aber steht Liz' Mann Rudi, der sie hingebungsvoll versorgt, sich selbst dabei vergisst.

Ich werde unruhig und traurig, will Liz nicht, kaum gefunden, schon wieder verlieren. Ich frage nach, ob ein Besuch möglich wäre. Die Familie in Toronto stimmt zu.

Die Tickets nach Toronto sind schnell organisiert, viel Aufwand wegen des geforderten Impfnachweises, der strengen Einreisebestimmungen, doch ich lande schließlich in Toronto. Ein Taxi bringt mich zu Lenora. Kaum dort, ruft Liz an, ist überwältigt von Vorfreude und Ungeduld. In der Nacht fällt sie aus dem Bett, kann nur mit Hilfe des herbeigerufenen Notfallteams wieder ins Bett gebracht werden, Rudi allein schafft es nicht. Lenora bringt mich am nächsten Tag zum ersten Haus von Alfred und seiner Familie, es sieht exakt so aus wie auf Google Earth, ich fotografiere. Wie in einem Traum vermischen sich die Bilder, Fotos, Fantasie, Google Earth, wieder glaube ich Alfred auf der Terrasse wahrzunehmen.

Eine weitere halbe Stunde im Auto. Ich werde von Rudi vorm Haus empfangen. Liz sei schwach, die Dosis der Morphine hoch. Die Pflegerin ist noch bei ihr. Endlich darf ich zu Liz, sie schläft, macht dann kurz die Augen auf, kommt langsam zu sich, erblickt mich, strahlt mich an, eine Umarmung, dann schläft sie wieder ein. Einige Stunden sitze ich am Bett, halte ihre Hände. Liz scheint zu träumen, dann wirft sie murmelnd die Decke von sich, will aufstehen, mir das Haus zeigen, sinkt dann wieder ins Bett und in den Schlaf zurück. Am Abend wird sie klarer, ein sehr persönliches Gespräch kann stattfinden. Am nächsten Tag kommt auch Eric mit Familie. Lenora ist dabei, wir reden über die Vergangenheit, Liz erzählt unterstützt von Lenora und Rudi ein paar Episoden aus ihrem Leben. Wir lachen, wir weinen. Sie sieht meiner Großmutter Ida, ihrer Halbschwester, so ähnlich, ein Gesicht. Am Nachmittag geht bereits wieder mein Flugzeug. Ich sitze noch in der Küche, schaue Alfreds Dokumente durch. Liz bittet mich noch einmal zu sich, verabschiedet sich mit dem tiefen Bedauern, dass die Besuche in Kanada und in Österreich nicht möglich sein werden. Wieder Tränen. Noch einmal umarmt sie mich und drückt mir die Hand. *You can go now,* sind ihre letzten Worte, die sie an mich richtet. Lenora bringt mich zum Flughafen, eine Tonskulptur von Liz, gefertigt in Zeiten der kreativen Sinnsuche, begleitet mich nach Hause. Liz verstirbt wenige Tage später in einem Hospiz. Die Tonskulptur steht nun in meinem Zimmer, ein weißer Schwan löst sich mit kraftvollen Schwingen aus dem Wasser.

Das Museum

Es ist ein verschachtelter, labyrinthartiger Raum, zusammengelegt aus mehreren Räumen, Säulen und Gewölbe unterteilen ihn, vorne zur Straße hin zwei Türen, hinten eine versperrte Eisentür zum Innenhof, zwei Toiletten. Im Keller alte Steinmauern aus Schiefer, grünlich schimmernde Säulen. Ein buntes Völkchen lebt in diesem Haus, einige kenne ich von der letzten Eigentümerversammlung. Ich lasse den Raum auf mich wirken und stelle mir die Vitrinen und deren Aufteilung und Beleuchtung vor. In der ersten Vitrine vielleicht die Lindeprozession der Kindertage, eine Vitrine zur Geschichte des Ersatzkaffees, dann chronologisch nach Alter und Thema gruppiert oder alphabetisch geordnet die Astronauten, die Disneys, die Engel und Fußballer bis hin zu den Zirkusfiguren, dann die Fahrzeuge … hinter der Schildkröte mit etwas Abstand das Krokodil.

Nachwort

Die jahrelange Auseinandersetzung mit meiner Biografie, meinem Denken, Fühlen, Wollen und Handeln in allen Lebensbezügen im Rahmen von Selbsterfahrung, Intervision, Supervision, diversen Ausbildungen und meiner Eigenanalyse hat schließlich (auch) zu diesem Buch geführt. Die Sehnsucht, mich in den Reigen, die Prozession meiner Ahnen, in die Geschichte meiner Familie einzureihen, hat diese Kapitel, Resultate meiner Recherchen und Selbstreflexion, entstehen lassen.

Das Buch ist kein Lehrbuch oder Ratgeber, sondern im Vertrauen auf den Respekt der Leserinnen und Leser ein intimer und tiefer Einblick in meine Familiengeschichte, in die Bereiche des Schweigens und jener transgenerationalen Phänomene, die ein wesentlicher Teil meiner Sozialisation waren und von deren Prägung und Muster ich mich auch durch die Einsicht im Schreiben zu lösen trachte.

Der Text liest sich vordergründig wie ein episodenhafter Familienroman, aber auch den mit der Psychodynamik nicht vertrauten Leserinnen und Lesern wird sich bald ein unmittelbarer Einblick in das oft gar nicht so subtile Funktionieren des Unbewussten, in Entwicklung über Identifikation und Interaktion und in die transgenerationale Weitergabe psychischer Strukturen ergeben. Der Text geht also über einen Familienroman und Genealogie hinaus. Wichtig war mir das Wechselspiel zwischen Psychodynamik und Soziodynamik, Individuum und Gesellschaft, Innenwelt und Außenwelt.

Diese Darstellung entspricht ausschließlich meiner inneren Realität und erhebt keinen Anspruch auf Objektivität oder historische Wahrheit, soll aber Lust machen, sich mit dem eigenen Werdegang zu beschäftigen, auf die Begegnung mit sich selbst.

Statt dem Gefängnis des Schuldgefühls die Freiheit des Lebens,
statt Scham Stolz auf die Ahnenreihe,
statt Sprachlosigkeit die Fähigkeit zum Erzählen.

Literatur

Alexander Cherdron: Väter und ihre Söhne. Eine besondere Beziehung, Springer: Berlin 2017.

Florentine Kastner: 373 Camp Wolfsberg. Britische Besatzungslager. In Österreich von 1945 bis 1948, Diplomarbeit: Universität Wien 2011.

Christian Klösch: Lagerstadt Wolfsberg. Flüchtlinge – Gefangene – Internierte, Wolfsberg: Museum im Lavanthaus und Stadtgalerie Wolfsberg 2013.

Paul Niehans: Einführung in die Zellular-Therapie. Vorlesungen, 2. Aufl., Hans Huber: Bern und Stuttgart 1959.

Paul Niehans: Die Zellulartherapie, Verlag Urban & Schwarzenberg: München, Berlin 1954.

Herwig Oberlerchner, Helge Stromberger (Hg.): Sterilisiert, vergiftet und erstickt. Das Wüten der NS-Euthanasie in Kärnten, Drava: Klagenfurt 2017.

Herwig Oberlerchner: Der Kaspar-Hauser-Mythos. Auf den Spuren des rätselhaften Findlings, Wissenschaft und Praxis: Sternenfels 1999.

Herwig Oberlerchner: Ich habe auch niemals auf mein Herz Rücksicht genommen. Thomas Bernhard 1931 bis 1989. Eine Psychographie, Wissenschaft und Praxis: Sternenfels 2017.

Martin F. Polaschek: Im Namen der Republik! Die Volksgerichte in der Steiermark 1945 bis 1955, Veröffentlichungen des Steiermärkischen Landesarchivs. Band 23: Graz 1998.

Ralf Wettengel: Die Lungenkrankheit von Thomas Bernhard – Realität und Fiktion, in: Pneumologie, 2010, 64. 111–114.

www.lindefiguren.at

Foto: Johannes Leitner

Herwig Oberlerchner, geboren 1964, ist Pädagoge, Psychoanalytiker und Psychiater. Er war bis Herbst 2023 als Primarius der Abteilung für Psychiatrie und Psychotherapie am Klinikum Klagenfurt tätig.

Oberlerchners Publikationsschwerpunkte sind Fachartikel und Bücher zu Themen wie Sozialpsychiatrie, Psychiatrie im Nationalsozialismus oder Psychotraumatologie. Zuletzt erschienen „Sterilisiert, vergiftet und erstickt. Das Wüten der NS-Euthanasie in Kärnten" (mit Helge Stromberger, Drava Verlag) und „Thomas Bernhard (1931–1989). Eine Psychographie" (Verlag Wissenschaft & Praxis), beide 2017.

Im Rahmen seiner Ausbildungen hat Herwig Oberlerchner sich intensiv mit seiner Familiengeschichte auseinandergesetzt und nun Teile davon aus der Sicht des Kindes, des Jugendlichen, des Erwachsenen zu Papier gebracht.